獻給

妻子妙姍

靈・修・著・作・精・選

蔡貴恆系列

蔡貴恆著

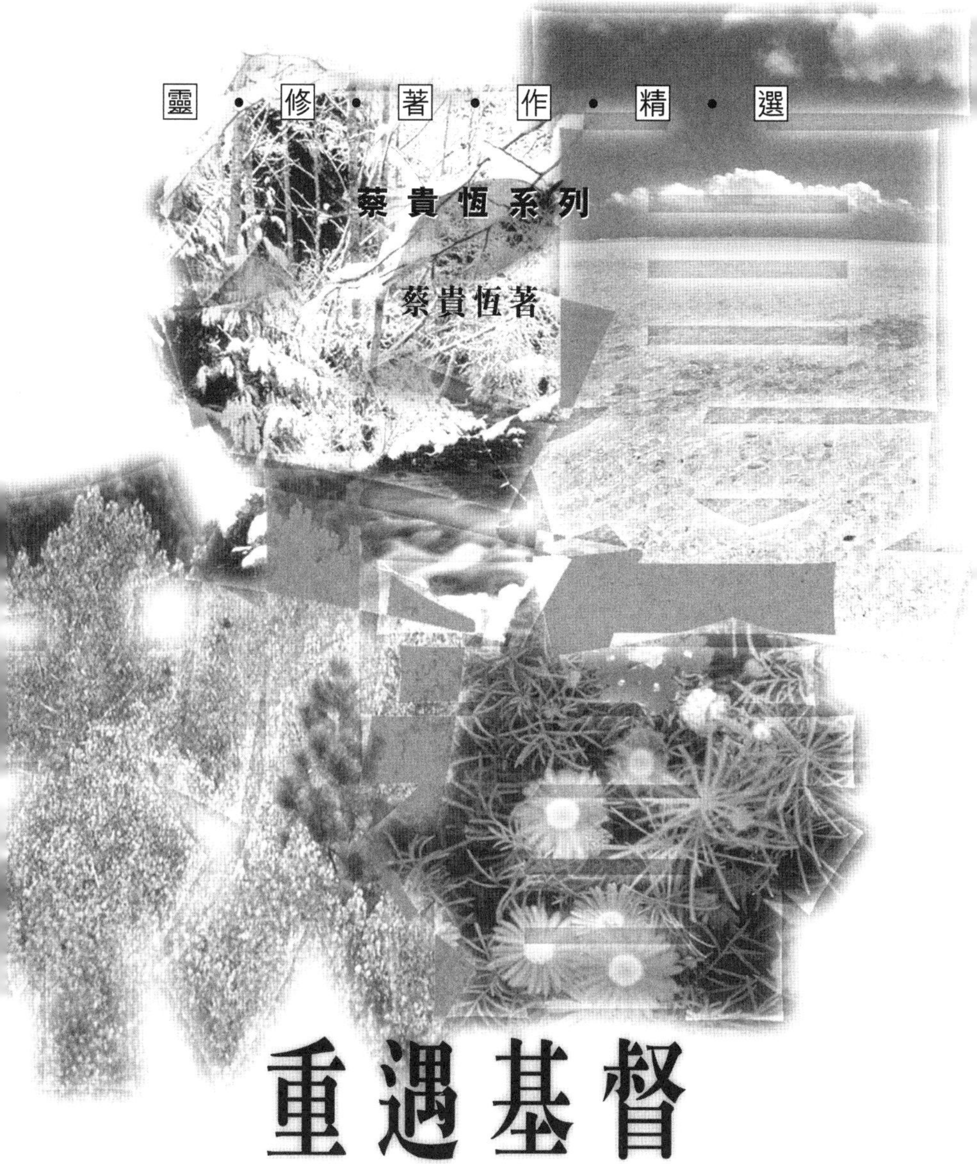

重遇基督

朝聖人生中的默念與仰望

▼

靈修著作系列．蔡貴恆系列

重遇基督

朝聖人生中的默念與仰望

My Encounter with Christ

作者
蔡貴恆 Choi, Alan K.H.

責任編輯
陳錦榮

裝幀設計
梁奕山

■

出版／發行
基道出版社
香港沙田火炭坳背灣街 26 號富騰工業中心 1011 室
LOGOS PUBLISHERS
Unit 1011, Fo Tan Ind. Centre, 26 Au Pui Wan St., Shatin, Hong Kong
電話：(852) 2687-0331　傳真：(852) 2687-0281
網址：http://www.logos.com.hk

承印
陽光印刷製本廠

●

7/1997 初版　4/1999 二版　9/2002 三版
Cat. No. LP733-3A
ISBN-10: 962-457-126-0
ISBN-13: 978-962-457-126-4

刷次	12	11	10	9	8	7	6	5	4
年份	2023	2022	2021	2020	2019	2018	2017		

李序

蔡貴恒牧師是一位我極之欣賞又尊敬的同道，《重遇基督》是他近年朝聖之旅的心得，是他靈程高峯的札記。

摯友貴恒在《重遇基督》這一本新書把他近年的天路歷程與我們分享，當中有他個人的經歷、靈修的果實、默想的心得及閱讀的精選。令我驚歎的是貴恒所走的路我也曾走過，所遇的屬靈導師我也曾見過，但他所達至的屬靈境界卻比我高得多！在加拿大的時候，我們是在同一間教會及同一個冬令會事奉、在同一間大學進修、同一間神學院受訓，甚至回港後是同一間神學院裏任教，但貴恒的經歷卻比我豐富、靈命比我更有深度！我最喜歡的是當中他個人掙扎的片段，尤其是他以下的一番心底話使我有萬二分的感觸與認同：

> *從温哥華回港，我以為我的靈命夠剛健了……我更相信我能抵受最猛烈的生命暴風。我又以為在最不如意的情況下，我應該能温柔的與父神交談禱告。然後，我發現我的無能。*
>
> *然而，當我強逼自己安靜下來，我往往感受到神所賜的平安。神告訴我一切都在祂的掌握中；我的憤慨、我的不甘心仍不能攔阻祂對我的接納，祂像對我說：平靜下來吧！平靜吧！*
>
> *我對自己說我必須再次上路、上路，但不知前路，也沒有地圖。然而，我必須繼續此「奇異」的旅程，這個使人面對人生真相，但亦同時緊緊倚靠神的旅程。（頁53~54）*

真是巴不得昔日我能與他多一點作伴同行，讓我與他一同學習。透過這本新書，蔡牧師慷慨地把他與神在隱密處的靈交與我們眾肢體分享，讓我們也能「重遇基督」。

在神學院裏我是負責教牧學博士課程的教學與發展，而我最有興趣鑽研的就是教牧輔導與屬靈導引的結合，也就是心理學與靈程學的整合。在華人教會中在這方面有體驗和研究的學者實在是寥寥可數，原因是這門研究不單要掌握古今中外的典籍，亦要在穩固的神學基礎上，有屬靈的智慧與現代人的觸覺，把古舊的屬靈傳統轉化為現代人屬靈操練的途徑，蔡牧師可算是這種研究的先驅。他的著作是華人教會在靈程學初熟的果子。

貴恆，謝謝您！願神使每一位讀者，在他人生的四季都能處處「重遇基督」，享受祂豐盛的恩典。

李耀全

建道神學院副教授

教牧學博士課程主任

教牧中心主任

一九九七年七月一日

自序

時勢變季節更易，人心亂時序轉動，思想奔馳於自我調心與禱告神之間，心靈卻重重疊疊的積壓著各種情緒。一度欲默念的衝動，一直把持著的信心，一下子又沈寂下來。生命失去了活躍跳動的拍子，人也變得更自憐自惜自保。然而，眺目遠近卻又難找知心知己；生命便愈覺孤獨疏離了。

一方面，我更認同傳道書中對人生無奈無常的描寫，另一方面，我亦深信傳道者的提示——當記念造你的主——在這個時代的適切性。我開始安靜地退到主面前，學習做一個忠心的朝聖者，迎向像秋天的蕭瑟及淒涼。

原來放下沈思自醉，當生命注目於神，將困境暫時置於遠距離，有一種特別的效果。起碼，我更清晰地看神，也更清澈地觀照困境及它所帶給我的各種感受。

我開始感受到安靜的力量，是當我感受到在此無言語的寂靜中，基督的臨在反而變得實在。我開始明白不用己力被基督盛載著的道理。在基督的盛載中，我讓祂的臨在感染著，我是如此輕易的將困苦、感受陳列在祂面前；並且，被祂的說話感動鼓舞。我更認定朝聖就是我的生命記號。

當心靈緊接基督，就好像人脫下沈重的衣服，忽然變得輕省。秋去冬來，沈重感卻未被輕省完全取代。在生命的冬季中，我學習歌頌及依靠。有時，漫長的黑暗就像孤寂冷冷的清空，一望無際、遙遙無期！然而，當冰封了的心被熔化，生命的幼苗破土那一刹，不單有一份迎風搖曳的雀躍，更有說不出的感謝。

困境卻沒有從此退幕。無疑，春天的陽光雨水滋養著生命，但久經嚴寒的土地仍需我去翻動，一而再的翻動。我卻沒有那種被連根拔起的感覺。以往，在跌倒、軟弱中，不斷重尋自我肯定中，心中醞釀很多忿忿不平的情緒；現在稍為明白隨風擺動，默默地接受陽光，並承受因翻土所帶來的不便。對於活水江河的生命，我現在有更合乎神、更符合生命成長的規律的看法，我不再活在幻象中虛度春天。

如果秋風撕下了生命的面具，冬雪埋葬了生命的虛浮，春雨洗滌了心靈的塵緣俗世想，夏天的炙熱便是燃燒著心靈的火燄，使生命禮讚歡頌、使人羣拍手高呼。眾生都像融匯在一起；由每朵花到每棵樹，每一張臉，每個動作，每件事都變得那樣饒有深意，生命遂充滿感激，明白到恩典與愛情仍在暗中緊緊的繫著我們的心，成為我們生命的期盼及力量。

走過人生的春夏秋冬四季，又在其中重遇基督，這並不是我的專利，而是靈根自植的你可以體會的。進入安靜的工具或方法很多，但每人的進路也可以是很獨特的，所以請不要以此為不二法門。因為，我的信念是人人皆可默想、禱告、安靜。基督都在等待著我們。

這幾年的朝聖之旅，時而高歌，時而低泣，才稍為明白破碎人生的真義；也更體會破碎與整合、挫折與祝福的一體性。盼望讀者們都能在禱告的過程中勇於面對生命的真實性。重遇基督就是意味著生命經歷破碎及整合後的豐盛及深度。但願我們都共融成一個羣體、一個奉獻、一個敬拜、一個朝聖。

目錄

III.生命的春天

IV.生命的夏天

附錄

善用此書——給讀者的你

這本書中的內容是我個人朝聖歷程中的默念與仰望；書中的文章及習作都是我的默想、禱告及反省，也有一些是這幾年來帶領退修聚會的材料。

然而，我深信每一個摯誠祈禱的人都有獨特的靈程、心程、旅程。因此，每位讀者的朝聖之旅就是最好的祈禱資料。讀者若被書中的文字及默想習作感動，那毋寧說是你誠實追求的果子；而我扮演的角色就像一位與你共度靈程的朋友。

我又深信聖靈在每位讀者心中的工作。那位將神的愛澆灌在我們心中的聖靈，也用說不出的歎息為我們代求。祂也不斷在我們心中作引導、助判別，使我們各人更體貼祂的心意、更有動力行在真理中。

當然，我亦相信信徒羣體的相交對我們成長的助益。基督為祂的身體所成就的救贖，是叫我們彼此聯絡，成為一個真正的敬拜及奉獻的羣體。潘霍華的話：「讓獨處者思念羣體，讓羣體醒覺到獨處的必需。」實在是至理名言。靈修傳統中的靈友模式及實踐更是生命的榜樣。

既然讀者能自尋心路，聖靈亦必帶領，羣體亦必印證，這本書就絕對不是提供甚麼方法、技巧及速成的途徑。若不是帶著崇敬及安靜的心態，以及信、望與愛的信念來祈禱，這本書對你的幫助是微乎其微的。

再者，讓我們明白禱告的內室並不單是在山上或曠野，也是在人羣中。同樣，眾生的喜怒哀樂也不單是在山下或塵世，也是在我們對天父的默念中。山上山下、天上人間、內程外程從來都是互為一體的。因此，任何刻意分割屬靈與屬世、生活及禱告都是不必要的。由禱告至生活、生命的更新而變化實在是在每一天的經歷中進行的。

最後，我衷心希望，每一位讀者能在他們的春季、夏季、秋季及冬季中經歷神的豐富作為。

I. 生命的秋天

靈程的學問及修養就是醒來。很多人——雖然不明白這個道理——都是睡著的。他們生下來就睡，他們活著也睡，他們在婚姻中睡，他們在睡眠中養育子女，他們在睡眠中逝去，竟然沒有醒過來。

安．狄馬路

Spirituality means waking up. Most people, even though they don't know it, are asleep. They're born asleep, they live asleep, they marry in their sleep, they breed children in their sleep, they die in their sleep without even waking up.

Anthony de Mello, ***Awareness*** *, London : Fount, 1990*

秋　1. 自我發現的經歷

枯藤老樹昏鴉，小橋流水人家，古道西風瘦馬，夕陽西下，斷腸人在天涯。

馬致遠《秋思》

永不離我偉大的愛，我靈疲倦，安息主內，屬祢生命現在獻上，願它在祢恩典海洋，更加壯闊浩蕩。[1]

艾伯特．皮斯 (Albert Peace)

文字的感染力，直搗人心。當好幾個世紀前元代詞人揮筆時，他未曾想到詞的心境竟超時空的觸動著這麼多的靈魂！

樂章的震撼力，激盪人心。十九世紀的詩人譜出他對上主的情懷時，他也不曾想到詩歌的意境會不斷觸動著歷世歷代的朝聖者。

只要誠實的觀照生命，生命便成為動人的圖畫、感人的詩歌及雋永的文字。當詞人自承斷腸，當詩人自承疲倦，他們誠實的讓生命說話，不單提示了自己，也照亮了同感斷腸和疲倦的人。

或者，今天你的心境並不淒涼，但斷腸疲累卻是人生旅程中必定有的時刻。環顧眾生，多少傷心、多少不平，都牢牢地捆綁著個人、家庭及社羣。若說生命沒有這些感動，到底是生活真的是順心順意，抑或是早已處之泰然呢？

或者，生活早已把心靈磨得麻木，生命便不再說話；生命也不再被觸動。那樣，再次面對自己的處境時，我們頂多是唏嘘怨歎，然後又無奈地繼續生活。在生活的縫隙中，我們只求解決生活的難題，抓緊一些即時的答案，執著即時的保障。於是，我們便更加面目全非。

當信仰與自我生命已脫節到一個完全分割的地步，真正的靈修或靈程 (spirituality /spiritual journey) 已無迹可尋。相反，充滿危機的靈意化 (spiritualization) 及合理化 (rationalization) 正在登場。而慣於生活在教會文化中的我們，是不難去運用靈意化去裝飾自己，但另一方面仍容許自己生活在另一個世界中。同樣，我們又可使自己一切所作的看來都言之成理，完全忽略了當中的藉口及掩飾。

然而，選擇程途的仍然是你。若選擇捫心自問的路，你就要安靜、默想、觀照；不然，你仍可選擇「屬靈」的娛樂節目。無疑，生活的勞累使我們只想休息，但退到恬靜處自省卻是不能被取代的。於是我開始明白沙漠教父（Desert Fathers）[2]為何要「逃」離已被完全污染的社會，退入沙漠中去發現自己，而不願被污染了。

當然，自我發現並不是刻意的抽離，也不是自我完善的速成班。它卻是愛護心靈的表現。縱使它不能解決即時的困惱，它卻是讓生命扎根於深處的重要一步。

註

1.《生命聖詩》第 329 首〈偉大的愛〉（O Love That Wilt Not Let Me Go），承蒙宣道出版社允許轉載。

2. 由第四世紀開始在埃及、敍利亞興起的一羣隱修禱告的信徒，以安東尼（St. Anthony）、帕科繆（St. Pachomius）、巴西流（St. Basil）等為重心人物，亦開修道傳統的先河。

靈修習作

一、自我發現的經歷

自我發現不是心理遊戲而已，而是一個

1.重遇自己——更深的內在——的過程

2.重遇耶穌——真正的愛人——的過程

3.先死後生的破碎經歷

現在，就誠意的邀請你啟程進入自我發現之旅。想像一下你是一隻雛鷹，你必須展開雙翅，學習飛行。不要恐懼下跌，不要讓浮現的心靈痛楚嚇倒你。要記著，雖然某些黑暗面是你生命的一部分；它們也必需要得著釋放，但不要以為這些痛苦可以揮之則去。

安靜：放鬆身體，

　　　將心思意念集中於主，

　　　感受祂的臨在。

禱告：「主耶穌啊，我願祢來！」

　　　「主啊，開恩可憐我這個罪人！」

　　　就用這兩句經文幫助你安定在神面前，

　　　安靜的去回想及經歷，盡量不要給自己公式化的答案。

1.我是怎樣認識神的？

2.在甚麼時候，我體會到神真真實實的在我的生命之中？

3.此時此刻，你對神有甚麼感受？

4.此時此刻，神對你的看法是怎樣的？

5.假如你現在可以向神發問，你會問甚麼？

二、經歷的重新檢視

1. 讓每件事情浮現：舊傷、罪、內疚、痛苦⋯⋯
2. 問一問最深入的感受——不平、仇恨、嫉妒、不能饒恕⋯⋯
3. 問一問自己為甚麼這樣感受。
4. 承認自己的黑暗面及不足的地方。
5. 認出被傷害的地方及最深入的感受。
6. 求主釋放、赦免、賜平安。
7. 求主重新掌管及引導生命。

事件	感受	對感受的反省	聖經的提示

三、退修

在聖經中，有不少片段象徵著我們的人生旅程，讓我們默想禱告，寫下感受、禱文及反省：

亞伯拉罕及撒拉的信心歷程，直到老時仍不更改。

創十二1～9，十七1～8

約瑟由被賣到饒恕，生命經歷了重重波折，你看到和好與接納的意義嗎？

創十七～四十五章（特別是四十五章）

以色列人出埃及的路程中，神的帶領及同在永不落空。
出十三 17～22
你現在也是朝迦南美地出發嗎？

朝聖者追尋之路，有危機，亦有黑暗，但亦有星光。
太二 1～12

我們的主亦要上路，單獨面對在沙漠中的挑戰。

路四 1～15

有時，我們亦會如浪子般失去自省的能力，墮入深淵，是甚麼叫我們回頭呢？

路十五 11～32

客西馬尼的祈禱並不是偶然的，卻是人生的常態，我們對這園子的經歷了解有多深呢？

路二十二 39～46（參其他福音書）

四、新路

重新立志——在你的日記簿上劃一條路。

——寫下重要的理想目標。留意，生命的理想就是生命的成長，並不一定是一些外在的目標。例如：我們可以立志定時默想，放下一些壞習慣，求神幫助自己在生命中結出聖靈的果子等。

——與一位肢體分享你的立志，請他為你禱告。

你要嘗試的，就是成為你自己。你要禱告的，就是成為一面鏡子，一面反照生命的豐盛偉大的鏡子，也是按著心靈純潔的程度而反照的鏡子。

韓馬紹 (1905～1961)

What you have to attempt—to be yourself. What you have to pray for—to become a mirror in which, according to the degree of purity of heart to be attained, the greatness of life will be reflected.

*Dag Hammarskjold, **Markings**, Faber, 1963*

秋

2. 為誰而活

你是誰？你是否一連串的資料？你為甚麼而活？

安．狄馬路講過一個〈你是誰〉的故事：[1]

一位女士在彌留中被帶到天上；她聽到一把聲音問她：「你是誰？」

她回答：「我是市長的太太。」

那聲音說：「我不是問你是誰的太太，我是問，你是誰？」

「我是四個孩子的母親。」她說。

那聲音又說：「我不是問你是誰的母親，我是問你是誰？」

「我是一個教師。」

「我不是問你的職業是甚麼。」

就這樣，無論她怎樣回答，仍不能給予一個滿意的答案，終於，她說：

「我是一個基督徒。」

「我不是問你的宗教信仰，我是問你是誰？」

「我每天都到教堂，並且幫助貧窮無依的人。」

「我不是問你曾做過甚麼，我是問你是誰？」

結果，她因口試不及格而被遣返地球。當她醒來並且漸漸復元，她決定找出她是誰。從此她真的是判若兩人了。

有人說，你是三個人，一個是你自己認為自己是誰，一個是別人眼中的你，一個是真正的你。我們對於真正的自己了解很少，以致我們能提供的都是一些有關自己的資料，而不是真正的自己。

為了讓這些資料顯得有價值，我竭力為自己塑造一個完美的形象，並且把生命投資在不同的「完美者」——專家手裏。我們變成為別人的期望及看法而活，我們的自由、快樂也因此交託在他人手裏——為了成為「完美」的祈禱者，我將自己交在屬靈導師手裏；為了明白神「完美」的旨意，我把自己交在神學家及心理學家手裏；為了明辨是非，我把自己交在倫理學教授及輔導員手裏；而為了「釋放」，我把自己交在牧師手裏，求他恩宥。

單為自己而活，或為了取悅及滿足別人而活，都使人失真。因此，神必須扮演重要的角色。梅頓曾說：「救恩不單是主觀或心理的事物……而是客觀及奧祕的實在——就是在基督裏及聖靈裏重尋自己。」[2]

現在，就邀請你誠實的開始去重遇基督——重尋自己。

註

1.Anthony de Mello, *Taking Flight*, Image Book, Doubleday, 1988, p.140.

2.Thomas Merton, *No man is an Island*, Harvest/HBJ BK.,1955, p.XV.

靈修習作

相信，你已看清明白為神而活才是最重要的。此時此刻的為神而活，意思就是不再隱閉自我，以及接納自我、肯定自我。以往，常常說委身 (commitment) ，今天，甚至被各種 commitments 壓得「透不過氣」來。像很多後現代人一樣，你徘徊於——

為人而活————→←————為己而活

結果你被撕碎。有時你太自戀太自私，有時你又太自貶太自卑。於是，你委的身 (the life you commit) 已是殘缺及模糊的。然而，改變你生命的神不放棄你，祂早已決定要釋放你的潛質，使你生命更加豐富。

試想想並請寫下：

1. 我喜歡自己的甚麼？

2. 神喜歡我的甚麼？

3.「現在的我」是怎樣的？

4.「理想的我」是怎樣的？

提示：想一想神對人的期望，比對一下你的答案，有甚麼發現，有甚麼感受？

默想：用心細讀、慢讀以下經文；找出神對你的期望。

創一 26，二 7

約十五 4

太六 1～18

記錄：

禱告結束。

生命是艱難的。這是一個偉大的真理……因為只要我們確認這真理，我們就會超越了它。只要我們明白生命是艱難的——我們真正的了解及接納這個真理——生命就不再艱難了。因為這個真相若被接納，生命是艱難的這個事實就不再要緊了。

史葛·栢格

Life is difficult.

This is a great truth,...It is a great truth because once we truly see this truth, we transcend it. Once we truly know that life is difficult —once we truly understand and accept it —then life is no longer difficult. Because once it is accepted, the fact that life is difficult no longer matters.

*Scott Peck, **The Road Less Travelled**,*

Arrow Books, 1978

秋

3. 暴風雨中的平靜

有沒有一種平安的靈程學問（spirituality of peace），我們學會了就不用再驚懼狂風似的人生衝擊呢？若說有，我們又能否完全掌握並時常經歷到呢？我只能坦白的告訴你們，平安不在我的掌握中。事實上是我愈用力尋索，我愈難尋見。

若要明白及操練得平靜的心境及修養，必須誠實地承認平靜是在暴風雨中更顯出其深度及重要性。平靜，不是一帆風順，不是一路亨通，而是在暴風雨中謙卑的去倚靠——聆聽主說：「我所賜的平安，不像世人所賜的平安。」

主賜甚麼平安，使我們能在危險或重要的關頭平靜下來呢？我們可以說是能力，正如神保護以色列人時所彰顯的能力；我們也可以說是引導，正如聖靈帶領使徒們將福音廣傳。當能力解決對付了問題，當引導衝破了未明之際，我們頓覺心安。

這樣，我們可能失去兩個機會。第一個機會是在困境中面對生命的真相，溫柔地接納自己的有限。這種體驗是使屬靈生命真正成長的良機。第二個機會是經歷神同在（presence）；在暴風雨中學習尋求神的同在，一無所求的等候祂、愛祂。

魯益師（C.S. Lewis）在他的名著《卿卿如晤》（*A Grief Observed*）中描述到妻子逝世後心情的悲憤。他曾說：「不要對我訴說宗教的慰藉，否則，只會使我懷疑你是否對哀慟一無所知。」最初，我不明白這句話，但仔細一想，我豈不也是尋求神（宗教）的安慰，而沒有真真正正的與神相遇嗎。而與神相遇，對於魯益師來說，就是面對那位容許死亡的暴風臨到的神。

要轉變一個角度去看平安、恬靜，讓我們朝著尋找賜安慰的神自己，而不是安慰本身。就算在暴風雨中，我們不斷選擇神的同在，我們也透過禱告去經歷這更深及更豐富的臨在。這樣，暴風雨的洗煉將使我們深深明白平靜安穩的真正意義。

這樣說，或許仍有不足之處，因為我們仍有可能自欺地說「神就是我的一切！」。這種自欺是駭人的！因為，若未曾與神真正對話，未曾與神摔跤，未曾完全與神正面相遇，身心未曾幾經折磨，是不配說以上這句話的。有時神寧願聽我們真誠的呻吟，多過我們虛假的自我安慰呢。

靈修習作

放鬆。

漸漸集中。

唱詩（選取一首最能助你進入寧靜的詩歌）

↓

從內心唱

↓

舉心向上

凝神，在心中想像（imagine）主的手環繞你，心中輕喚「主啊！」感受神所賜的溫暖。更靜、更舒服。

讀經：太八23～27，用心細讀兩三遍。

1. 想像你現在就置身於小船中。

看見你周圍的暴風雨。

聽到風聲、雷聲。

此時此地此刻，你只見一片漆黑，衣衫盡濕，船則忽高忽低，你有甚麼感受？

2. 想像耶穌亦置身於小船中。

當你見到耶穌熟睡時，你有甚麼感受？

留意最強烈的感受，寫下來。
為甚麼我有這強烈的感受？告訴耶穌你的感受。

3. 想想你生命中的風暴，亦如這外在的風一樣的真實。

合上眼，在心中觀看浮現的生命暴風，輕喚：「主啊！交給祢。」

將一個又一個的生命暴風交託給主，聽聽自己的感受。

回想、認出（relive, identify）你生命中最強勁的暴風，邀請主進入這暴風的情景，聽主對這風暴的斥責，接受主所賜你的內心平靜。留意一下自己的感受。

4. 想像主將祂的手按在你的心房，對你說：「住了吧，靜了吧。」輕聲地在內心，繼續對自己說：「住了吧，靜了吧。」

有甚麼感受？

有甚麼話對主說：

5. 想像主坐在你的旁邊，你們一同仰望晴空，一片藍色，你喜愛的藍色；湖面平靜非常。感受一下這一切——主的同在；大自然的美麗景色。

誦讀詩十六8：「我將耶和華常擺在我面前……我便不致搖動。」在心中默想，集中停留在這想像中。

記錄：

禱告結束。

神向我展示小如榛子之物體……在這小小的物體中我體會到神造成它，神愛護它，神看顧它。

茱莉安

And he showed me something small, no bigger than a hazelnut ...In this little thing I saw three things : God made it, God loves it, and God cares for it.

Julian of Norwich

秋

4. 未明之中的相遇

如果用畫來表示過去一年，你會畫一幅怎樣的畫？你會用甚麼色彩呢？

對我來說，我實在不知畫甚麼才好，因為想到這裏，只見到前面一團黑色。這黑色深沈而濃厚，用更多的水也化不開似的。雖然仍有振臂一呼的衝動，但內心潛伏的黑影、現實生活中的鬼魅，使我猶豫卻步。

一切都好像在未明之中！原來，生命的恐懼不在大風大浪中，而是在未明的黑暗中。活在山雨欲來的陰影下，不少人的畫板都只有黑色。

有時，我不禁問：「為甚麼這些事發生在我身上？！」「我作了甚麼以致我要承受此苦痛？」但每當我這樣發問時，我想到一些命運更坎坷的人，我也想到耶穌的坎坷。

其實，在我的畫板中也有一點點金色。我的兩個兒子是燦爛的金；我的妻子是柔和的金。只要看到孩子的笑靨，聽到妻子微聲鼓勵，那一點點金光便在前面跳躍似的——雖然它很快消失，使我又墮入不明朗之中。

十五世紀的荷蘭修士曾畫了一幅耶穌誕生的畫，一半畫面深沈，但馬槽的聖嬰卻光芒四射，照亮了每一個凝視新生王的臉龐。

人生黑暗，人生光明。黑暗豈不是叫我們凝視以馬內利的神嗎。耶穌基督我們的主，祂實在是萬暗中的光華。

靈修習作

安靜。

讀經：路二十四 13～35，
慢讀兩遍，想像進入經文的處境。

離耶路撒冷二十五里的地方，有一條村名叫以馬忤斯，這一日，有兩個門徒正往這條村走，他們不知道耶穌已經復活了。

想像一下你也在以馬忤斯的路上，想像太陽猛烈地灑著頭頂，你見到以馬忤斯路了。你看，是條怎樣的路啊？你已經完全進入這現場，你看見那個名叫革流巴的門徒和另一個門徒。他們滿面愁容。

你看看他們的面，他們的心情怎樣？你有甚麼感受呢？聽：他們在議論甚麼？你對他們說甚麼？

忽然，你看見耶穌，並且耶穌就近他們！耶穌與他們同行在以馬忤斯的路上了。當你認出耶穌時，有甚麼反應？興奮？驚奇？你想跟主談話嗎？若有一件事你要告訴祂，你會告訴祂甚麼？

耶穌仍然與門徒同行，他們卻仍不知道，你看見這情景，心中有甚麼感受？你有甚麼對門徒說嗎？

他們一面行，革流巴就一面和耶穌談論受難及婦女的事。聽：他們語氣是怎樣的？

門徒終於講完了，耶穌歎了一口氣，帶點可惜地說：「你們還不知道嗎？先知講過的說話，你們還未明白麼？」

耶穌望著他們，祂的眼神是怎樣的，你見到嗎？

然後就將聖經的真理為他們講解。你也愈走愈近，你也想聽聽耶穌怎樣教他們。

黃昏已近了，天氣涼快了；以馬忤斯的村莊已遙遙在望了，耶穌卻要繼續前行，門徒忽然表現得依依不捨，要求耶穌進入村莊與他們共進晚餐並留宿。他們進入了一間簡陋的房子。

現在房子中就只有耶穌和兩個門徒，你見到在微弱的燈光下門徒的倦容，桌上放了簡單的食物……這時，耶穌望著天，拿起餅來，你看，耶穌的臉容，到底祂心中感受如何？耶穌祈禱了，祂就將餅擘開。

這時，門徒忽然認出原來這就是耶穌，耶穌卻忽然不見了。你看見門徒的表情是怎樣的？他們的心情又如何？

忽然，耶穌向你靠近，輕聲的問：「你知道嗎？你明白嗎？」

你怎樣答耶穌？你回答完後，耶穌和你説甚麼？

寫下默想的過程（process）及感受（feeling）：

將思想及感受化成對主的禱告。

我們的祈禱只會毫無意義，除非我們相信，我們未尋找祂以先，神從起初已尋找我們，我們未祈禱以前，祂已為我們祝禱，我們未發言以前，祂已聆聽。

米契．郭安

Our prayer are meaningless unless we believe that from the very beginning God has searched us out before we have searched for him,that it is he who prays to us before we pray to him, that it is he who hears our prayers before we put them into words.

*Michel Quoist, **Pathways of Prayer**, G & M, 1988*

5. 傾心吐意

一往情深深幾許，深山夕照深秋雨。

納蘭容若

我的心哪，你為何憂悶？為何在我裏面煩躁？應當仰望神，
因祂笑臉幫助我；我還要稱讚祂。

詩四十二 5

對於中國詩詞，我有一份莫名的親密感，雖然未必盡明詩詞深意，也未曾親身經歷，但那種認同卻是特殊的，好像是在含蓄之間，隱隱透進心田的共鳴。

希伯來詩人的表達卻大相徑庭，不少詩篇都直接道出心聲，或興奮、或憂怨、或激動、或哀愁……總之，詩人的感受像與朋友傾訴一樣，直接而不隱藏，充分表現出詩人們的誠實及自省。因此，我也同樣傾心於他們的坦然。

你到底是個怎樣的人呢？你是傾向含蓄抑或直接呢？其實，傾向含蓄的人和直接表達的人都有話要說，畢竟，心靈旅程是條真實的路，認識心路的人就是了解自己的人。因此，學習發掘內心的真實情況及傾吐內在的真正感受，實在非常重要。

對不同的人事，我們都有不同的感受或情緒 (feeling & emotions)，這些心路歷程常常在隱明之間被忽略及掩蓋了，取而代之的是意見 (opinion)、資料 (information) 及思想 (thought)，難怪，我們說人面無真相了。

要分辨感受及思想的分別，可以用以下的準則來反省及禱告：讓感受告訴我們到底是誰，讓感受使我們對自己及他人的了解更深入，讓感受增強我們對人及事物的敏感及意識。

靈修習作

默想一

安靜。

回到中心。

從心中呼求：「神啊，求祢聽我的呼求，側身聽我的禱告。」（詩六十一1）在心中默念這節經文。

繼續安靜，直至進入較安定的狀態。

回望你的信仰經歷，安靜的去看、去聽，想像一個又一個的片段在你面前重現……寫下你的感受（記著是感受，不是意見或思想，試參考詩篇，找出詩人的感受作為參考）：

告訴神你的感受，聆聽神的回應。

以禱告結束。

默想二

安靜。

回到中心。

從心中呼求：「神啊，我的心仰望祢。」

讀經：詩七十三篇。

用心細讀一兩遍，留意觸動你的感受字詞，例如：不平、安靜，讓神繼續向你說話。

禱告：「神啊，我也有這些感受嗎？是甚麼使我有這些感受？」

聆聽。

安靜。

寫下心中感受：

以禱告結束。

如何真正從缺陷及不足的發現中得到益處呢？我認為首要的是不要在神面前自以為是；此外，也不要責備自己。相反，要將你的不足之處陳列在神的面前。

范耐龍（1651～1715）

So if you would truly derive profit from the discovery of your own imperfections, I would suggest two things. First of all, never try to justify yourself before God, and second, do not condemn yourself. Instead, why not quietly lay your imperfections before God?

*Fénelon, **Let Go**, Whitaker House, 1973*

秋

6. 裂痕是我的家

在我們心內，我們常追求一種完整。自覺或不自覺，事無大小，由個人到家國社會，我們都渴望一種完整。不同的人對完整有不同的期望及詮釋，但重要的是人人心中都有裂痕，而有一些，更是不容易癒合的傷痕。

曾幾何時，跟隨主的人也經歷過生命中最大的裂痕被醫治，生命得復新的體驗。當基督為我們釘在十字架上，無數因信接受祂的生命的巨大裂痕便復原了。但隨後，竟發覺生命中仍有很多涓涓小流的裂痕，漸漸又形成生命中的巨大裂痕。

對一般人而言，生命中的分裂是真實的，你或許也覺察到，但是你自己豈不是也經歷著各種分裂的傷痛嗎？究竟哪是甚麼？究竟是甚麼？你豈不知在你的裂痕那裏，主也在那裏嗎？那樣，裂痕就不再是你拒絕或害怕的真實，而是神兒女經歷神的管道。那時，你將從心中明白：不單不要抗拒裂痕，更應注視它們，以感謝及無懼的心來面對神。

祂就是那位曾親身經驗分裂——由天降下，在地被釘，與愛祂的人分離，還要再來的主。試想想如果基督我主沒有離開過，沒有親嘗過生命的裂痕，祂又怎能完全認同我們呢？若祂沒有以裂痕為家，與父神一起度過最艱難的時候，祂又怎能成為我的主呢？事實上正因祂離開過，祂才能再來，才能被門徒認出是主——是復活的主，被我們認出祂是我們生命的主、再來之君！

靈修習作

默想一

1. 安靜。讓思想自由的浮現，不要壓抑 (Let come) ，但不要注目分析這些意念心思 (Let go) 。

   安定。集中 (Let down) 進入更深的安靜，直到充分感受主的臨在 (Let united) 。

   呼求：「主啊，我願祢來！」

   安靜片刻直至較深入。

2. 讀經：羅八 31～39。

   細讀，用心讀兩三遍，留意觸動你的字眼、詞語。

3. 反省及默想片刻。

   繼續用心默想，讓經文自然而然的對你說話。

   試用自己的名字代入「我們／我」，

   　　例如：神若幫助貴恆⋯⋯

   其他經文也可以照樣做，一節一節的默想，

   　　給自己一點空間去聆聽。

4. 禱告——經過片刻後，可以將你的發現及感受告訴神，

   也可以向祂祈求，不要祈求完後就結束，

   繼續停留在神面前聆聽。

5. 默觀——完全安靜於神面前，等候祂、聆聽祂、愛祂。

6. 記錄：

默想二

與神一起，這就是我們的家了。無論裂痕如何深，如何重複地、持續地傷害你，你總不要單獨的去面對它們，你應快快的去到神的面前與祂一起。去到祂面前的時候，你應安靜，不要急速的宣洩你的情緒，然而，也不用壓抑。只管讓這些情緒呈現，並且發覺不單是情緒，也可能有很多人物、事件及更深入的感受。

安靜、集中、來到主面前：
溫柔的讓心中真象呈現，
向主禱告，求祂「澄清」這些心中的事物……

是患難麼？
是困苦麼？
是逼迫麼？
是饑餓麼？
是赤身露體麼？
是危險麼？
是刀劍麼？
是死亡麼？
是其他事物麼？

向主禱告，求祂澄清心中的感受——
是恐懼嗎？
是不安焦慮嗎？
是驕傲嗎？（不願接受自己景況，不願親近主）
是罪疚嗎？
是苦惱嗎？

是憤恨嗎？
是妒忌嗎？
是不平嗎？（覺得被傷害，自己是無辜的）
是其他感受？

反省：
（提議：先祈禱、安靜，然後盡量、盡快寫下心中留意到的意念及感受，然後逐項剔除，看看是否最重要的思想及感受。）

有甚麼需要放下 (Let go) 讓主處理 (Let God) ？

有甚麼需要繼續學習與主一起面對？

有甚麼需要自己下決心去執行、改過？

記錄：

結束禱告。

三十年來尋劍客[1]，
幾回落葉又抽枝，
自從一見桃花後，
直至如今更不疑。

唐．志勤

從閣樓上的窗向神注視的無神論者，常常比信神的人更接近神，因為信徒常常沈迷於虛假的神的形象中。

馬丁．布伯

The Atheist staring from his attic window is often nearer to God than the believer Caught up in his own false image of god.

Martin Buber

秋　7. 成聖的旅程

曾有人說，有些人是生下來就是聖人的；有些人則靠後天努力達到聖人之境。然而，有些人則是毫不費力的被「聖化」(divinize)了！

以下的故事可以為以上的說法下一個註腳：

某地的油井發生大火，公司大員緊急地召集消防員來滅火。但火勢大得消防員寸步難進，只能在火場的千尺以外。在無法可施之下，急電當地的志願人員請求協助。半個小時以後，一輛破舊不堪的消防車速駛至火場，竟然停在火場五十尺前，就在烈燄衝天之處！消防員從車上跳下來，勇猛無比及迅速地將火撲滅了。

為了表揚這班見義勇為的滅火英雄，油井公司舉辦了一個慶祝會，並在會上致送一張巨額支票予消防隊長。會後，當記者問這個志願隊隊長他會如何使用這筆獎金時，他出人意表的答案竟是：「第一件事我要做的就是修理那個氣煞人的煞車掣。」

老實說，我們都常被「成聖」壓得透不過氣。有時，我們恨不得好像那些消防員一樣「白白」的被表揚；那樣，「不費」一絲力量就贏得英雄本色。但成聖究竟是一回怎樣的事呢？

保羅說：「但你們得在基督耶穌裏是本乎神，神又使祂成為我們的智慧、公義、聖潔、救贖。」(林前一30)

慕安德烈 (Andrew Murray) 說：「一個罪人如何成為聖潔？神對這問題的答案是『基督，神的聖者』。」

使我們聖潔的是神，但我們常在兩個極端中徘徊——

第一個極端——退隱修行，絕欲棄智。

第二個極端——竭力去工作，使自己「成聖」。

其實，我們對盡心、盡性、盡意、盡力愛神都誤解了，忽略了「盡」之意不是單靠己力，而是一步一步放下，有更大的委身，以至於漸漸死去的過程。這死去的過程不是由於懼怕，甚至不是單單由於責任，而是因為愛主的緣故。

註

1. 比喻修行的人。

靈修習作

默想一

現在，請看耶穌基督的朝聖旅程：

安靜。

看腓二 1~11。讀數遍，慢讀，留意吸引你的字詞或句子。

用心默念這些句子／詞語，這些經文對你說甚麼？

再安靜⋯⋯想像此刻是停在神的面前，祂向你說這些話。

聆聽，然後察看內心的感受。

禱告回應。

可重複以上的程序。

記錄：

默想二

默想約十二 23~29。

安靜。

閱讀經文。

福音書的記載，一方面是歷史，一方面也是主耶穌對我們說話的媒介。我們若投入並感同身受當時的情景，就好像搭一條橋回到歷史的處境中。透過想像，默觀心靈中的橋就會帶我們回到如在目前的昔日。

現在，就嘗試安靜，進入經文的處境——重新回到現場，想像自己身歷其境，聆聽主這篇信息。

先感受、意識一下當時的情境：人物、環境、主耶穌、門徒，及其他人的反應。

聆聽。

默想。

安靜的觀看。

禱告。

記錄：

II. 生命的冬天

我們必須學習少從別人有做或沒有做的事情上留心，而多去注意別人所受的苦楚。

潘霍華

We must learn to regard people less in the light of what they do or omit to do, but more in the light of what they suffer.

Dietrich Bonhoeffer

8. 出死入生

死蔭幽谷——日記一則

父親因為衰竭以致昏迷，已經兩個多月了。父親一直未有再醒來。我們把他搬進現在的護理院，因為醫生告訴我們一切藥物已於事無補了。

父親仍在一種「半醒」狀態，有時他會舉起手、皺皺眉頭，或挪動一下他的身子，但他不再説話。這樣躺著，好像沒有太大的痛苦，但從感受及精神上而言，父親必定在經歷一個最孤單及痛苦的時刻，而無法告訴親人他的痛苦將益使他感到淒涼。

我的心情壞透了。我很憤怒，我恨病痛及它所帶來的無奈與驚惶，一切都難以收拾。我憤怒的與神説話，我非常情緒化，我很少再安靜禱告。事發後的連續兩個星期的苦苦哀求，已化成滿腔的怨與怒。

從温哥華回港時，我以為我的靈命夠剛健了，我以為我已明白謙卑是甚麼，我更相信我能抵受最猛烈的生命暴風。我又以為在最不如意的情況下，我應該能夠温柔的與父神交談禱告。然後，我發覺我的無能。

我疲累困乏，有無數的工作等待我去完成。我問自己為甚麼要為自己定下死線 (deadline)；但在照顧父親的過程中，日常的工作變得毫不起勁，也全無味道。

然而，當我強逼自己安靜下來，我往往感受到神所賜的平安。神告訴我一切都在祂的掌握中；我的憤慨、我的不甘心仍不能攔阻祂對我的接納，祂像在對我說：平靜下來吧！平靜吧！

我對自己說我必須再次上路。上路，但不知前路，也沒有地圖。然而，我必須繼續此「奇異」的旅程，這個使人面對人生真相，但亦同時緊緊倚靠神的旅程。

靈修習作

默想死亡

(這是一個比較長的習作，很值得在安靜中用較長的時間去默想。)

想像一下，你今天就要死去！

在你離開這世界之前，你願意留下一些寶貴的資料給你的家人、朋友，或者你希望他們將你的心願刻在墓碑上，又或者你希望他們記得你所喜愛的，你的信念、思想、一言、一語。

於是，你開始寫下你生命中最喜愛的東西：

1. 我愛的食物：
   我愛的環境：
   我愛聽的音樂、我愛的味道……是哪一種香味？
   我愛的感覺：被人擁抱……

2. 然後，你寫下在你生命中最寶貴的經驗：童年、少年、青年、這一刻……

3. 然後，你寫下一向持守的信念。在這些信念中，有甚麼使你得到釋放、自由：

4. 在你的一生中，你曾為某人、某些理想而活，你亦想一下，於是你寫下你為甚麼而活？

5. 當你寫的時候，你亦想到你一生中的痛苦及危機，於是你寫下痛苦的經歷：

6. 透過這些經歷，你學到了不少功課，你又寫下你的體驗、感想：

7. 在最開心或者困難時，你想起的聖經章節是甚麼？你寫下它：

8. 然而到了這生命的盡頭，少不免有遺憾，你亦寫下它……是親人的死亡？是生命中的一次失敗？

9.但同時，你亦想到光輝的一刻，你寫下你的成就……

10.最後，人生已到終站，你覺得仍然有一些未完的心願，你亦寫下……

結束這默想之前，邀請你安靜地回顧你自己的一生：

然後以幾句話來總結一下你的一生，又或者是一首詩、一首歌或一段禱文，表達你的心聲……

想像一下神就在你的面前，你將這心聲告訴祂：

將我們的孤寂慢慢轉變成一更深的獨處，我們就創造了一個寶貴的空間。由此，我們可以發掘到心聲：告訴我們內在的真正需要——那就是我們的呼召。

盧雲

By slowly converting our loneliness into a deep solitude, we create that precious space where we can discover the voice telling us about our inner necessity—that is our vocation.

H. Nouwen, ***Reaching Out***

冬

9. 罪與咎

試問：「你情願做一個聖人抑或罪人呢？」看完以下這故事才作結論好嗎？

> 相傳神在天上是用一根長長的繩子將我們每個人綁住的。當人犯罪時，人就主動的將這條繩割斷了。但是，神不單將繩重新連接，並且打了一個結。然而，因為這個結，繩子縮短了，人和神之間的距離也縮短了。當人一次又一次的犯罪，神一次又一次的打結，神一次又一次的將人拉近祂。[1]

以上這個比喻，當然不是鼓勵我們去不斷犯罪，而是叫我們明白神的接納。

雖然我知道神赦免我的罪，但對於不斷的過犯，我仍有無窮咎心。但約翰一書一章9節的應許又怎樣應用在信徒的生活中呢？難道連神的信實和公義也不能使我們安心嗎？神說：「必要赦免！」你聽到嗎？你還執著些甚麼？是甚麼使你不能接受神的饒恕，咎心仍存呢？

常懷咎心，無疑是因罪過未得解決，人仍會犯罪，但延續的內疚可能是因為：

1. 太重視自己的完美——過分及不切實際地去「做」一個「聖人」。
2. 太重視自己的感受——過分被情緒影響。
3. 太缺乏經歷神的愛——對神的形象有錯誤看法。

4. 太靈意化生活中的行動及作為——將一切都歸因於順服或不順服神的旨意。
5. 社會或羣體的約制——害怕與別人不同，害怕別人不接納。
6. 撒但惡者的試探。

現在就反省一下自己是受哪方面的影響；檢討一下背後的原因。

註

1. Anthony de Mello, *One Minute Wisdom*, p.132.

靈修習作

小問卷

（找5個人做以下的問卷，答案可多於一個。）

1. 你認為罪是甚麼？
   a. 不認識神　b. 不道德的行為　c. 不承認神是神
   d. 跟隨世俗潮流

2. 你認為罪的直接來源是甚麼？
   a. 人自己（自我中心）　b. 撒但　c. 其他人　d. 神

3. 以下哪一項是罪？
   a. 不潔的念頭　b. 貪心　c. 驕傲　d. 憂慮　e. 性格

4. 教會要求我們做的事和聖經的要求這麼多，構成重重壓力。以下哪一項引起你的罪咎：
   a. 主日崇拜缺席　b. 不返祈禱會　c. 不參加教會大型聚會
   d. 沒有什一奉獻　e. 與同工及其他弟兄姊妹意見不同

5. 你最難忍受的罪是甚麼？（由1～3項，依忍受程度列出。）

反省

嘗試寫下你對罪的定義，不要太多思考，一想到的就應即寫下來，再看看你是否可以做一個總結。

比對一下你的定義與其他人的看法，留意一下你的感受。

默想一

約八 1～11

先安靜集中、放鬆、安息於主跟前，呼求：「主啊，我願祢來！」

讀經數遍，盡量投入當時處境。

默想當時情景，想像一下你也在其中；閉上眼睛，你看到自己嗎？你看見耶穌、婦人及其他人嗎？停下來，就像看見一個熒幕般的觀看，安靜觀看這些人，你有甚麼感受？聽聽這些人說甚麼話，你有甚麼感受；聽到耶穌的話，你又有甚麼感受？將你的感受寫成禱文，告訴主。

記錄：

羅七 23～24；賽五十三 5

重複安靜程序。

用誦讀及默念的方法咀嚼，留意觸動你的字眼，用心去聆聽及接受。

記錄：

默想二

羅六3～11

重複安靜程序。

細讀這段熟悉的經文，用多些時間來默想及聆聽神對你的提示。

記錄：

漸漸的，我們只重腦袋與腦袋的交流……我們忘了如何感受……如何觸摸……如何愛……父啊，太陽沈落大海，明朝還是爬上來。一粒種子死了，明春就開出花，然後結出果來。小孩跌跤，哭泣，然後成長。我們怎會不懂，那就是愛。

黎海華《給你，我城》，文藝，1994

10. 憂鬱

多年前，鍾馬田（Martyn Lloyd-Jones）寫的《靈性低潮》(*Spiritual Depression*)[1]曾給我一種錯覺，以為情緒的困擾是可以被打倒的。事實卻並非如此；我們只能與憂鬱同活；認識它從何而來，為何而起。

今日，重讀這書，只怪沒有好好讀引子。作者提醒我們要撫心自問，他引用詩篇四十二篇「我的心啊，你為何憂悶……」，來說明我們必須善待自己的心事、心情、心理，而並不是要戰勝或打倒他們。

在書末，鍾馬田不忘提醒我們基督耶穌在我們生命中的工作。他引用腓立比書四章13節，來說明基督的生命及實質確實地在信徒裏面；但是我們必須在「我」及「靠那加給我力量的主」二者中同時並進。過分強調「我」則高舉意志，過分強調那加力的不單貶低意志，更可能將「我」變成毫無性格的人。

那樣，我們當如何面對日常的煩惱及積壓的憂悶呢？在我看來，我們必須正視憂鬱在我們生命中如何發動，它牽動的思想及情緒如何不斷影響著我們。心理學家告訴我們這些思緒通常是絕望和無意義所導致的，但我們的信念卻不斷告訴我們該接受一個充滿希望及有意義的信仰。

於是，我們便進退維谷了。結局就是放棄信仰或繼續憂鬱。其實，心情及信念都是真實的，它們並不是互相排斥。我們要學習的就是與它們成為好朋友。詩篇四十二篇就是一篇心情與信念交織而成的禱告；它沒有告訴我們絕望變為希望，它也沒有使無意義迅速變成很有意義。

所以，在憂悶沈鬱中，我們不是呻吟地懇求能力，而是學習詩人記念、稱讚及仰望神。在實際的生活中，這意味著我們的退隱、安坐主前，並且繼續作好手上的工作。若要等待奇事、能力、恩賜，不必操心，就讓祂去成就好了。神管理及操作的事，我們又何必憂心呢？

可惜，我們都充當了「神」，以為可以掌握萬事。話卻不是如此說。應該說我盡力去作萬事，凡事的結果都交給祂；並且，我應勇敢的讓憂鬱向我說話，我也不隱藏我的憂鬱。這樣，憂鬱就不會成為我們的敵人了。

憂鬱若是一份「禮物」，它下次來臨時，請不要分析它、推理它，而是輕輕的打開它。

註

1. Martyn Lloyd- Jones, *Spiritual Depression*, Pickering & Inglis, 1965.

靈修習作

屬靈閱讀 (Spiritual Reading；王上十九 1～21)

面對風暴——

以利亞逃跑到別是巴時，身心靈均已疲累不堪。抵步不久，他更強烈的感受到憂悶鬱澀，力不從心的感覺濃濃的襲過來。

回想昔日在基立溪旁的等候、撒勒法的神蹟，他不禁悲從中來，心中的一個念頭不斷冒起：

「我沒有做錯，我已經『博晒命』，用盡全力，但為甚麼落得如此下場？」

心盡氣絕之餘，仗著心中對神的一念，他決定進入曠野向神傾訴。以往的靈程提醒他，只有親身去到神面前求問，事情才會明朗，心情才能開朗。

然而，內心的爭戰實在太強烈了；沮喪及自責的心態無時不湧現，他終於要放棄了。在羅騰樹下，他埋怨似地說：「不要再理會我了，讓我忘記一切並死去吧！」

此際，本來要面對生命暴風的意欲已盪然無存。曾經一度熱心為神、為民的先知，終於體會到失敗及恐懼的味道了。當腦中仍盤旋著各種問題，他因疲累而進入夢鄉了。

睡醒時他意外地發現神供應的水和餅；他飲用之後便繼續往何烈山。那是立約的山啊！就這樣經過了四十晝夜，他來到了神的山。

由別是巴到何烈山的二百哩路程中，他心靈的折磨並沒有稍減，心路的轉變就像一隻忽往東飛，又忽往南飛、西飛、北飛的小雀，找不到安居之所。與此同時，卻有個聲音不斷對他說：

「休息吧，我知道你的疲累，回到我這裏吧。」(Come back, come home.)

天色已是微曦的時候，以利亞在山洞清晰地聽見一個溫柔的聲音時，祂說：「你在這裏作甚麼？」很自然也帶著些微的痛苦，以利亞將他心中的疑困直接的向神表達了。他將他的不解、他的孤單原原本本的帶到神面前了。

神卻沒有直接答他。神只是叫他出來。正要踏出洞口，以利亞便感受到一股強勁的風，接著是地震，接著是火，但神卻寂然無聲。火後他才聽到一個溫柔的聲音，重複地問「你在做甚麼？」。

以利亞依然是這樣回答，但這一次，他似乎舒服了一點。他也隱隱覺得向他發問的是神啊！

「神仍在呢！神的能力仍是真實的呢！」正當猜度之際，以利亞聽到一個肯定的任命：「起來，回去。」

帶著神的應許，他沒有再問甚麼，他也沒有分析太多，他踏上歸途了。心中此際又有一意念冒起：「信任我，我的恩典是具體而真實的，我也永不撇棄你。」

默想

想像與以利亞同行曠野，去聽、去看、去感覺這曠野，寫下你對曠野的反應及感受，你會對以利亞說些甚麼。

反省

以利亞的病徵是甚麼？是以往的成功嗎？是執著於神的做事方法嗎？是燒盡 (burnout) 嗎？如果你是以利亞，你會對神說甚麼？

Addiction 是以利亞的病源。扭曲了的渴望 (desire) 便是 addiction。試想想他在甚麼地方扭曲了對神的渴慕？然後想想自己染上以利亞的 addiction 的可能性。

「寂寞是你應有的寂寞」，你曾經歷過以利亞一般的寂寞嗎？這種不為神知，亦不被人明白的苦楚，你明白嗎？你想神對以利亞的問話會使你釋然嗎？你會像以利亞般起來、回去嗎？

禱告

將你以上的感受及反省寫成一篇與神的對話，寫完後，試試可不可以將它寫成一兩句說話（就是你最深的感受了），向神禱告結束。

我親愛而又激憤的主啊，
祢既愛又擊打，
祢使我從高處墜落，但又扶攜；
想來，我也要如此作。
我既怨懟又讚美，
我在哀鳴中，但不得不讚歎：
我一生的甜酸苦辣，
我要哀慟並愛慕。

喬治·赫伯特《苦與甜》

Ah my dear angry Lord,
Since thou dost love, yet strike
Cast down, yet help afford ;
Sure I will do the like.
I will complain, yet praise
I will bewail, approve :
And all my sour-sweet days
I will lament, and love.

George Herbert (1593～ 1633) , "Bitter Sweet"

冬

11．分離與割裂

「啊，不要這些噪音！」貝多芬這樣說
尋找，尋找，他的心靈在尋找
聾了的音樂被壓在
深深的底層
它要沖出冷酷的岩層
它要把整個被禁錮的心靈
爆發出來，在太陽下
在懸崖下，在大海上
要探入億萬人的心窩裏

鄭敏《貝多芬的尋找》[1]

聾！對於貝多芬來說，這是與音樂告別、分手。當所有樂器都不能表達音樂家如刀割的痛苦時，他只有說：「啊，不要這些噪音！」這一種隔絕徹底使他熱愛音樂的心靈被衝擊、被剖開；於是，呈現在我們眼前的樂章，進入我們耳鼓的悲喜交集旋律，乃是樂聖赤裸裸的掙扎與割裂。

耶穌與門徒告別時也帶著這種心情嗎？祂卻沒有說：「啊，不要這些噪音！」對比之下，耶穌的割裂與分離顯得更寂靜沈默。因此，它所抑壓及醞釀的實在是更深、更震盪的感情。

對於貝多芬而言，割裂或者是作弄人的命運。但對耶穌來說，割裂卻是必須的。耶穌必須經過分離、感受割裂，祂才能成就救贖。這不單是十字架上的代死，而是祂一生的經歷。然而，祂若不以人的面貌離開，祂又怎能以神的榮耀歸回呢？

耶穌必須離開心愛的門徒及祂深愛的世人，我們才認識祂是為我們被釘。祂也必須如此被割裂，祂之後的復活才讓我們認識到祂真的是我們的救主。耶穌是必須離開的，因為祂的離開正是要使我們和祂永不分離。

註

1. 鄭敏，中國文壇現代詩人。以上一段文字乃節錄自其詩作《早晨，我在雨裏採花》，突破，1991。「不要這些噪音」是第九交響樂由一位男中音唱出的一段。

靈修習作

默想一

讀經：羅八 33～39。

慢慢柔聲讀兩遍，

聆聽一下自己的心聲，

聆聽並感受神的臨在。

反省：

你是神所揀選的人，你已經被稱為義。

你現在在患難、困苦中麼？

你受到逼迫，你飢餓麼？你赤身露體麼？抑或……

你受刀劍及危險的威脅麼？你是否很辛苦、疲倦？

但是：誰能控告神所揀選的你呢？誰能定你罪呢？
因基督的死與復活，你已實實在在被稱為義了。
在祂的眼中，你是寶貴的，祂要為你的生命添上更多的光彩。
還有，復活了的基督正為你祈禱，
你只要靠著愛你的主，就在一切事上都勇往直前了。
靠著祂超越生、死、高處、低處、現在、將來……
你只要靠著愛你的主——深信
沒有東西能使你與神的愛隔絕。

現在，有甚麼事你向神呼求呢？
還有甚麼阻隔呢？
盡快的將所有的想法及感受記錄下來，不必太多分析。
禱告——為這些思想禱告，求神分辨。

默想二

讀經：詩八十八篇。

安靜：用呼吸方法或短誦，幫助自己安定在神面前。

讀經文：用心讀兩遍。

默想：感受觸動你的字句/詞語，留意詩人的處境。

向主表達心聲。

聆聽。

等候。

重複的表達、聆聽、等候。

記錄：

祈禱結束。

我要舉起救恩的杯，
稱揚耶和華的名。

詩一一六 13

飲用救恩的杯的意義就是空掉了憂愁與喜樂的杯，以致上帝能以清純潔淨的生命充滿之。

盧雲

Drinking the cup of salvation means emptying the cup of sorrow and joy so that God can fill it with pure life.

Henri Nouwen

冬

12. 凝望十架

朋友，每次你停在十架前，你看到甚麼？你聽到甚麼？

當默想到主的十架，我希望你聽到：

朋友，我將生命給你，我的血也為你傾流，你是我的朋友！
我對你的愛遠超眾人，我親愛的朋友！
此生此世，沒有任何的愛能與十架的愛比擬，
為祂的朋友——就是你，祂捨身於十架，祂堪稱為真正的
　朋友！
……我的孩子……我的孩子，
我將我的兒子給你，我親愛及帶著祝福的兒子！
祂死在各各他，祂又凱旋地復活！
因為神愛世人，神將惟一的兒子給你，祂堪稱為真正的孩子！
朋友啊！我將生命給你，我的血也為你傾流，你是我的朋友！[1]

你聽到嗎？

我不單聽到，我的心坎也不斷地回響著：「祢為我死，又稱呼我為朋友，主啊，我多謝祢的愛。」

在此聆聽中，我也看到身懸十架的祢，十架上的祢赤裸、疲累、呻吟著，還有諸般的痛苦。我卻很少注視並感受祢在十架上。是我不忍看，抑或是我已慣看那空的十字架，我不知道。雖然祢確已復活，祢也曾嘗盡被釘的苦楚。想到祢曾說，祢來原是為我們／朋友們犧牲，不禁詫然一驚。

此刻，我凝望祢掛在十架上，我看到了祢的淩辱、祢的羞恥、祢的軟弱……我感到痛苦，很沈重的痛苦。我便對祢說：「赦免我！赦免我的罪，也赦免我的無知；讓我注目祢的十架時，不單想到空的十架，也思念到祢曾捨命為我，並稱呼我為朋友。」

今天，我若稱呼祢為朋友，我又可以為祢捨甚麼呢？也曾自豪的說「以十架回應十架」[2]；以為已經甘心放下了很多外在及內在的執著。誰知，十架不是自以為是的放下，也不是披荊斬棘的「屬靈砍伐」，而是放開手，被帶到不知道的地方，甚至成為淩辱，也在所不計。

盧雲曾說：「一個祈禱的人就是一個勇於伸展雙手，並甘願被帶領的人……這〔勇氣〕使耶穌及門徒甘心接納被帶領到不願去的地方，就是十字架。」[3]原來以十架回應十架不是靈命的「突飛猛進」，也不是甚麼「豐功偉績」，而是單純及誠實地凝望十架。

註

1. 英文原文如下：

I gave my life for you I shed my blood for you, my friend, my friend!
I love you more than any other man or woman can, my friend, my friend!
For greater love has no man than this that he laid down his life for his friends, He is friend, He is friend!
I gave my life for you I shed my blood for you, my friend, my friend!
I gave my son for you, my blessed son for you, my child, my child!
He died on calvary, He rose in victory, my child, my child!
For God so love the world he gave His only son for you, He is child, He is child!
I gave my life for you I shed my blood for you, my friend, my friend!

參 W. Parkins "I gave my life to you" 錄音帶。

2. 語出滕近輝牧師。
3. Henri Nouwen, *With Open Hands*, Notre Dame: Ave Maria Press, 1972, p.70. 中譯本為《親愛主，牽我手》，基道，1991。

靈修習作

默想一

安靜：重複以上程序。

讀經：約十九 17～18、23～24、28～30。

用讀誦的方式細嚼經文，從心中領會，在被吸引/觸動的地方停下來，默想、聆聽、回應——問神：「是對我說嗎？」「祢要對我說甚麼？」「是祢嗎？」「主啊，是祢背著十字架嗎？」然後安靜聆聽神的說話，隨著自己的感受去回應或祈求神。

默想二

安靜。

讀經：太二十六 36～56，二十七 26～50。

讀經文兩遍，安靜細心的讀。

投入這兩段經文的場景，如在目前的去感受及回應。

記錄：

冬

我們必須面對一個悲哀的現實——就是在主日當我們站立同唱《在基督裏無分東西》時，我們乃是站立在種族隔離最厲害的時間之內。

馬丁．路德．金

冬

13. 困境中的溫柔

和平的靈程學問就是尋覓我們與自己、與上帝及萬物的共融與和諧。這樣，就是集中我們的注意力在和平（及公義）的問題上。

傑勒德．休斯 [1]

柏林圍牆的倒下，曾帶給不少人對和平的憧憬。這種憧憬是好的，是需要的，也反映到人們心靈的盼望。且不說極權國家的暴政，也不必單看國與國、族與族之間的爭鬥；其實和平若不是深度的孕育於人類的靈魂，和平充其量只是一種粉飾。和平若不是體現於社羣中，它只是一個口號。因此，屬靈生命的生長也是和爭取真正的和平與公義息息相關的。

另一方面，爭取公義及和平的過程必然牽涉抗爭。面對不合理，甚至腐敗、非人性的壓制，我們縱然反對以暴易暴，亦會激發起內心的憤怒及憎恨。一些在前線的和平工作者也會變得非常沮喪，理想幻滅。

我們翻開聖經，展讀一個又一個先知在困境中的宣告——神是公義及和平之君，祂釋放貧窮及被壓抑的人；我們的靈程學問必須堅持這一個角度。同時，我們亦看到先知們斥責虛假宗教及領袖們的「承諾」。這些都不是神的慈憐及溫柔。

神的慈憐及溫柔是怎樣的呢？耶穌面對不公義宗教制度的審判時的默然，並不是消極，而是在無助無能中，祂認定神在困境中仍與祂同在，因而生出一種堅定的盼望。這種盼望亦見證於馬丁．路德．金（Martin Luther King）民權運動的精神，就是在困境中的溫柔。這溫柔的態度及信念不是希冀所有困境的立刻結束，所有爭鬥都立刻終止；而是深信神在軟弱中使我們剛強及立定，並且繼續奮鬥。

註

1. 傑勒德．休斯（Gerard Hughes），英國著名靈修學者及作家，《使人驚詫的上帝》（*God of Surprise*）的作者，亦積極參與爭取和平及公義運動。

靈修習作

讀經：出三十二～三十三章（參出三章）。

神以説話開始這個宇宙。神親臨這世間向我們説話。祂現在繼續以聖經向你説話，你當渴望有一更深刻的禱告經驗，側耳，並凝神的禱告。摩西在山上及曠野的聆聽絕對可以成為你和我的體驗。

一、「我不能做甚麼」

摩西被召時已不再憑己力及智勇，他明白自己的限制。以往在學問、各種智慧、「功夫」中尋找到真理，進而肯定自己。試想，你今日又用甚麼來肯定自己？是複雜的神學難題？是各種操練方法及技巧？抑或，你説：「我根本不能做甚麼。」

- 安靜聆聽主對你的提醒。
- 有甚麼感受？
- 禱告。

二、「我必須被帶進困境」

耶穌基督是我的存在的惟一基礎；這是真實的。今天，祂若容許各種困境臨到你，你是否願意被帶到這一境地呢？摩西被帶到曠野，但他被模造成謙卑、溫柔的人。試想想你在困境中是如何回應的；為甚麼？你對自己的回應有甚麼感受、有甚麼反省？

困境	回應	感受

反省以上你對自己在各種困境中的回應及感受，你有甚麼結論？

禱告。

三、「我是一個負傷者」

屬靈領袖和別人的不同，是他／她的呼召及恩賜。但和別人一樣，他／她都是負傷者——需要安全（security）。因為渴求安全，我同樣向別人有所求；我更可能因為不安全而過分要求主，過分要求人。摩西誠然憤怒，但他沒有誇大自己的傷痛，他也沒有獨自承擔傷痛，他所選擇的是謙虛、單純，結果，他得到神的安慰及肯定。

- 默默誦念出三十三 17：「我按你的名認識你。」

反覆思想，從心裏去念，現在覺得怎樣？

- 神這樣認識你，你知道了嗎？難道這還不足夠嗎？
  反省、認罪。
- 想像摩西與神對話時你也在那裏，你對神及摩西的說話有甚麼回應：你會對神說甚麼？對摩西說甚麼？

四、「我的眼睛已經看見」

究竟我們是求神的安慰、肯定，謙卑的與神同行，以致我們得見祂的真實，得經歷祂的臨在，抑或仍注意自己呢！

一切靜觀及默想都非常重視謙卑的功課，謙卑並不是自卑，也不是自大。從摩西身上，我們看得非常清楚。但亦有一種堅持，這堅持神與他同行、讓他看見的心，源於一份不亢不卑的愛情，你渴慕主嗎？渴慕祂，並渴慕以色列民得赦免，對摩西來說，已很充分，你呢？

- 你一直以來所渴慕的美善是甚麼？你要看見甚麼？
  默想：出三十三 18～23。
- 停下來。將你的心靈全人轉向祂，祂正以無限的慈愛凝視你。

將這情景圖象化，在此情景中，你聆聽，你禱告……

記錄：

禱告結束。

冬

前不見古人，後不見來者，念天地之悠悠，獨愴然而涕下。

陳子昂

耶穌哭了。

約十一35

14．眼淚的恩典

你上一次流淚是在何時何地何景況呢？是甚麼使你流淚呢？

聖以撒（Issac of Nineveh）曾說：「能夠為自己哭泣一小時的人，比那些能教導全世界的人更偉大。」無論我們怎樣明白這句話，眼淚的治療功能是無容否認的。正如登山寶訓所說：「哀慟的人有福了，因為他們必得安慰。」（太五4）我們的憂愁是被接納及體察的。

為甚麼我們流淚呢？我想是當我們面對自己深層的需要，但又體會到自己的軟弱的時候。在死亡、孤單及歉疚的陰影下，我們需要恩典，卻苦無出路。我們好像被逼到死角，在無助中等候。

當下，若我們明瞭到自己不能接納生命的脆弱，我們經歷到渴望不被成全，感受不被諒解，我們哭了。這是好的哭，因為恩典往往就是由此進入我們的生命中，醫治及撫慰生命的傷痕哀痛。

我說這是好哭，因為在你流淚的時候，你更清晰的看到自己的真正面目了。所以，眼淚增加了我們的自我意識（self-awareness）。它讓我們看清楚自己的罪、虛偽及自以為是；它亦洗去一切錯誤的角度，使我能再從神的眼光去透析人生的一切。

當我們看到生命本相與自己追求的目標有一巨大的距離，我們不禁非常失望。特別是忽然的狂風巨浪將生命的美麗憧憬——那充其量只是沙灘上的堡壘——沖激得一乾二淨；我們意識到生命竟然如此不堪一擊，不禁大為苦惱。

如果，我們發覺自己的幻想（illusion）、過分的完美主義、自律自規，只是虛假地要把持及控制生命，我們如此察覺、我們能流淚，這實在是好的。此際，我們若看到自己的神經緊張只不過是急於求成，看到美麗的外表後的自欺，你就盡情地讓眼淚流淌吧。

那卻不是愉快的經驗！這淚水中有悔意、有不安、有委屈、有痛苦及辛酸。雖然你明白雨過天青的道理，但在此過程中，惟有你與神一起共度。而日復日、年復年讓生命被沖刷，在掙扎中去成長，在事奉中又跌下來，這委實是使人心折的。

我也曾一度變得自憐、自憂，開始看不起自己。我的淚已流乾，我已失去了眼淚的恩典。直到我再看清楚，我不需靠己力去「仰望」，而是平靜地再注視十字架，明白是我把主基督耶穌釘在十架上，而祂也甘願為我；久而乾涸的心靈忽然就被眼淚軟化了。

十二世紀的伯爾納（Bernard of Clairvaux），將眼淚分作悔罪之淚和奉獻委身之淚。這也是好哭。他教導我們在禱告中去注目及聆聽，不要輕輕用理由或藉口去把自己的過犯解釋掉，也不要用脾氣情緒，更不要用屬靈的藉口去掩飾。要分辨我們的眼淚，伯爾納教導我們要知道這些淚水有沒有把我們更拉近神及人。若我們的答案是正面的話，我們即使在困難及沮喪中，亦會漸漸被釋放。

讓我們祈求眼淚的恩典。然而，我們不單為別人求，我們也該為自己求。在這祈禱中，但願我們明白眼淚所帶來的喜樂及慈憐；眼淚不單帶我與神相遇，也使我更看清弟兄姐妹的需要！

靈修習作

安靜。

讀經：每讀一段就安靜、默想、聆聽，不要用太多時間單讀一段，看看可否先取得一個整體印象，才作整合及回應。

*詩六 6
記錄：

*詩三十九 12
記錄：

＊詩四十二3

記錄：

＊詩五十六8

記錄：

＊賽三十八3～5

記錄：

＊啟七17
記錄：

＊啟二十一4
記錄：

整合。

回應——
寫一封信給神，表示你的心情及你對祂的看法。

禱告結束。

Ⅲ. 生命的春天

當我們知道有一個園丁在細心照顧枝子，使他長得茁壯，使他和葡萄樹連結得更完美，防備各樣的干擾，供應一切的所需，這時，我們的心何等平安。

慕安德烈《住在基督裏》

春

15. 重新肯定
——蒙憐恤的兒女

有一次，有人問偉大的沙漠教父馬加利 (Macarius) ：「我應如何禱告呢？」這位智者回答說：「冗長的說話並沒有真的意義，只要伸出雙手並說：『主啊，照著祢的意旨，也照著祢的認識[1]，憐恤[2]我們吧！』(Lord, as you will, and as you know, have mercy.) 若內心的掙扎有增無已，就該說：『主啊！救我！』祂深知我們的需要並向我們大施憐憫。」[3]

是甚麼使我們不能坦然的伸出雙手呢？很多時候我們為自己有很多的辯解及防衛，我們仍不停地用各種方法、說話來肯定自己，彷彿自己沒有價值一般。但當我們不斷用說話自我辯解，以肯定自己的價值，結果只是適得其反。

這些說話，有時我們會對人或神說出來，有時則藏在心裏。但要明白，不說出的話可能更困擾你。因為在不知不覺間，這些沒有說出來的話在你心中形成更具體的實在，使我們更耿耿於懷，不能釋然。但如果我們真的是神的兒女，我們或者可以學習主動的將心思意念放在神的身上，注目於祂給予我們的價值。這是一個伸開雙手，也是蒙憐恤的禱告，也是我們要不斷恒久學習的功課。

註

1. 認識——亦可說是知道或了解，在聖經中是親密的用語，有全面的認知及細微的洞察之義。

2. 憐恤—— mercy / compassion，與守約施慈愛的神相關，常用來形容神了解人苦況的字眼。

3. *Sayings of the Desert Fathers*, p.131.

靈修習作

安靜下來

用呼吸、集中、短誦幫助自己安定在神面前：你可以說：「主啊，我願祢來！」（每日抽幾段時間：三分鐘或五分鐘，專心安靜，對寧靜的心境很有幫助。）

現在，細想一下你一生追求的價值是甚麼？你希望別人怎樣紀念你？你會怎樣為自己寫下墓誌銘（約一百字）；寫的時候，要自然的讓心情、想法流露，不要太刻意分析自己：

現在寫下神給予你的價值，然後與你的墓誌銘比對一下：

是的，這就是真實的你了！主在等候你這真實的自己，伸開雙手地去到祂面前。將這一切，並你的感受告訴祂：將你的禱文寫下來。

禱告

安靜

集中

用讀、誦的方法去默想以下經文：先朗讀、再細讀、在心中讀，留意吸引你的字／詞，慢慢細嚼、領受，然後作出回應的禱告。禱告完後，不要急忙結束，試試繼續安靜聆聽及等候一會才結束。

- 彼前二 9～10
- 賽五 4～8
- 耶三 12～22

歸納一下默想的結果，將你對自己、對神的發現，和你的感受寫在下面。

經文	對自己的發現	對神的發現	感受

參考其他經文：詩一〇三 1～12
約六 35～39
賽六十五 1～2
詩一三〇篇

追求更卓越的默想及祈禱的人是脫離了真理和現實……我們不願作初學者，但讓我們明白我們終此生也只是一個初學者的事實。

*梅頓 (Thomas Merton, **Contemplative Prayer**)*

春

16. 我們是天父的兒女

為甚麼你要禱告？

回想我起初學習安靜的禱告，主要是因為心靈有極大的重負與壓力。牧會數年後，我在教會開展了不少事工，也頗見成效，卻忽然發覺自己已呈疲態，也漸漸發覺到自己在事奉過程中生命的雜質。同時，弟兄姊妹亦深深感受到事工之要緊，有如大山壓在肩頭，力不能勝。那一刻，我實在無計可施，內心也蘊藏著很強烈及複雜的情緒。

那時我服事的教會附近有座小山，我常常在那裏散步。每當心緒不寧，我總會往那裏散步，和父神交談一下。漸漸，我發覺似乎是輕省了不少，我遂愛上了與主同行及交談。但是，我知道，那時的禱告純粹是救亡式的，是因為在繁重的事工中，自己拚命抓而忽略了神，所以希望可以藉此喘息一下。

那時我已開始閱讀盧雲的作品。我第一本閱讀的盧雲作品是《頌主慈恩》*(A Cry For Mercy)*，我發覺他的禱告純樸而又有深度。那是一種和父神親密相交的深度，我很感動。在此之前，我曾讀過慕安德烈、蓋恩夫人、倪柝聲、陶恕等人的作品，我發覺他們的作品都深雋而安穩；但讀過盧雲之後，我更體驗禱告的另一種真諦，比以上這些人所說的顯得更為生動及有活力。相信這是因為盧雲也是現代人之故吧。

我開始追求禱告的祕訣。學習安靜獨處時，我得到三位人士的助力，也可以說是給我很深的啟發。第一位是後來成為我老師的侯士庭博士 (Dr. James Houston)，他在靈修神學及生命上的操練都深深吸引著我。第二位是溫偉耀，他對更正教傳統的評價，對屬靈人的詮釋，引起我內心很大的共鳴。最後一位是天主教人士，她曾與我一起經歷安靜及默想，並將她的生命與我分享。從此，我的禱告方向和生命追求，起了很大的改變。

安靜下來

回想一下你是怎樣轉變成一個願意學習禱告的人？有甚麼助力？有甚麼重要人物？有甚麼感受？將你的感受及想法告訴神。

天父邀請你禱告

我起初學習禱告，的確十分甘甜。漸漸也遇上一些困難——特別是在聆聽及辨別上。我覺得需要一個禱告的老師來指引我。我也去看不同的書，去看看別人如何操練默想。

在這個學習過程中，神讓我體會一個十分重要的事實，乃是祂邀請我禱告。祂已主動尋找，並且常常在等待我。但對我們而言，所有的禱告都「如同在鏡子裏觀看」而已，有甚麼不是出於恩典呢。然而，我們對這位邀請我們去看的主是那樣陌生，竟以為可以掌握一些甚麼禱告法則。

我醒悟我又犯了以前的毛病：執著以「禱告」作為屬靈武器及「不二法門」。於是，我再次放下禱告的「努力」，我開始單純及坦誠的對主說：「主啊，我不曉得安靜、默想禱告。主啊，請祢發言。」近代法國的靈修學者尚．拉弗朗斯（Jean Lafrance）曾說：「在祈禱中保持你的一貧如洗，面對大火燃燒的荊棘，表現得赤身露體。你一言不發，面對這紅火把你全身投入。神就是一個願吞噬你的主。這樣，你就完全被祂同化……」[1]

現在，我仍然徘徊於執著（attachment）及放手（破執、detachment）

之中。我心中卻充滿感恩，因為我已體驗到我在主眼中的寶貴及獨特。

註

1. 賈彥文譯《向隱密中的天父祈禱》，台灣上智，1993。

靈修習作

默想一

安靜。

讀經：可十 13～16，用讀誦的方法去領受經文。

默想：想像自己如小孩子般去到耶穌面前，等候並聆聽祂。

回應。

寫下感受：

禱告。

默想二

經文：羅八 14~17。

重複默想一的程序。

參考其他經文：

詩一三一篇

太十九 13 ~ 15

路十 21 ~ 22

加三 25 ~ 29

對神的形象若產生錯誤的看法，又讓它在內心醞釀，我們只會更恐懼，甚至感到生命中有一股攪擾我們的暴力。

*Gerard Hughes, **God of Surprises**, p.39*

17. 自我接納

心理學對「我」有很多的分析。了解其中的道理，固然會幫助我對自己有正確的認識，及對自己的成長有更清楚的方向。但是，有很多生命的片段是如此真實，並不需要甚麼偉論來分析，只要一想起，你就會立刻很實在的體驗到——「啊！是我！」

我永遠不會忘記那一刻！

全場發出雷動的歡呼及鼓掌聲。那是我一閉上眼就幾乎立刻可以想起的一刻——當籃球穿越籃框進入網窩，球證的哨子聲剛剛劃破長空。比賽的結果是兩隊打成平手，而以往我們未嘗一勝對手。在握手言和的過程中，我亦得到隊友的讚譽，心中充滿振奮。我不會忘記，那一球是幾乎從中場投進去的一球。我不會忘記那是使人難忘及充滿自豪的一剎那！

終日分析我是誰，為自己的理想，為自己的價值憂心，有時會使我們掉進黑暗，沈思竟日亦無法得解脫。這樣，不單使人喪氣，亦使人愈來愈懷疑自己，離自我接納更遠了。

其實，當下此刻的你便是最真實的你。你也必定曾經一度又一度的真實過。生命中的片段未必全是使人喜悅的。相反，有些歷歷在目的破碎，常叫人不敢正視。「那竟是我嗎？」但你必須毅然面對，視你的往昔、現在及將來為朋友。想想：「我就是這樣，神仍愛我！」

靈修習作

安靜

安靜、集中、休息在主跟前。

閉上你的眼睛，回想有甚麼使你覺得非常自豪的，不要匆忙，想像一下你就像在翻閱一本光榮的記錄。當你翻到那一頁的時候停下來，留意一下自己的感受。

經文默想一

帖前五 18

朗讀數遍、細讀、用心讀。

留意吸引你的字眼、詞句，停下來、默想、聆聽——

神對你說甚麼？

你又對神說甚麼？

記錄：

詩一三八 1～8
重複以上程序。

經文默想二

羅八 28

重複安靜及默想程序。

申七 7～9

詩八 1～9

提示：1.繼續練習安靜。

2.記錄（筆錄）你心感受及禱告。

3.時間許可的話，請完成所有默想習作。

我已經與基督同釘十字架，現在活著的不再是我，乃是基督在我裏面活著；並且我如今在肉身活著，是因信神的兒子而活；祂是愛我，為我捨己。

加二 20

想自己的時候要想得少，但要時常謹記我們的主基督耶穌想到你的好——好得祂願意甘心為你受死及犧牲。

陶恕

Think as little of yourself as you want to, but always remember that our Lord Jesus Christ thought very highly of you — enough to give Himself for you in death and sacrifice.

Tozer

春

18．生命的覺悟
——悔改的真諦

重遇自己生命中的黑暗角落，發覺罪與咎所帶來的痛楚及傷痕，竟是如此糾纏不清；但既然已認信與主同死，就該信必與主同活，不要再自悲自怨了！只要懷著一顆渴慕的心，只要堅持凡事信靠的禱告，將你所要的告訴神，並且悔改 (repentence) ，你將會因此能夠持續你的覺悟，不致常常過著忽高忽低的生活了。

你說，你已覺悟、你亦悔改，但生命早已停滯，不久又再沈溺。你該明白，這樣的悔改，不單使人更沮喪，亦缺乏真正的平安。或者，你曾對自己說：「悔改是一生都要學習的功課。」這無疑也是真實的。但是，悔改若這樣重要，就值得我們反思：

第一，悔改是心思意念的完全變化，由此變化，生活行為隨之而產生改變。這次序非常重要（參路十 27）。

第二，悔改是由自我中心 (self-centeredness) 轉向以神為中心；一切從神的眼光去評估。

第三，悔改是重拾起初的愛心（first love；參啟二 4～5）。

第四，悔改是內在的自由及平安—不是單有憂傷。

第五，悔改是溫柔，接納自己仍有不足，仍會犯錯。

第六，悔改是憐憫，對別人及社會有更多的同情及了解。

靈修習作

仔細再讀悔改的定義，比較一下你對悔改的了解，有甚麼不同的地方，有甚麼需要補充的地方？

默想

安靜、集中、專注於神。

默想約二十一 15 ~ 23。

1. 仔細讀經文一至兩遍。

2. 再安靜，想像一下你現在就在提比哩亞海邊，你與耶穌及門徒相遇。投入這個景象畫面，靜心觀看一下，停在那裏，單單觀看，暫時不要問甚麼。當你觀看這個日落的景象時，你有甚麼感受？將你的感受告訴耶穌。繼續默想，投入、觀看、聆聽一下、感受一下、嗅一下，你聽到門徒的說話嗎？你感受到巴勒斯坦的漁村氣息嗎？

3. 集中默想主與彼得的對話情境，你就站在他們旁邊，當你望著主耶穌時，你有甚麼感受？當你觀看彼得，你又有甚麼感受？你覺得耶穌是個怎樣的耶穌，仔細聽祂說：「你愛我比這些[1]更深麼？」彷彿你就是親耳聽到一樣。然後，傾聽一下彼得的回答：「主啊！你知道我愛祢！」最後，聆聽主說：「你牧養我的羊。」在這安靜的觀看、聆聽中，你最深刻的感受是甚麼？

4. 現在，主耶穌轉過身來問你：「你愛我嗎？」你怎樣回答？你有甚麼感受？有甚麼難言之隱……溫柔的，慢慢告訴耶穌。

5. 繼續安靜、禱告，聆聽主對你的提示。

6. 記錄：簡單、直接地寫下感受、決定、祈求。

其他默想經文：
徒二 37～40
提前一 12～16

反省

對悔改，我們常常有一個誤解，以為可以多做 (do) 一些事去彌補。其實，主不是要你的功勞，祂不要你做甚麼，祂要你明白，面對自己的罪，我們根本不能作甚麼，只能承認我們是罪人，我們願意悔改，因此，我們努力的方向不是去改好自己，而是學習單純相信主對我們的愛及赦免。

默想

安靜、集中、專注於神。

默想羅八 1～2。

聆聽：慢慢、從心中讀出以下這段文字：

永不離我偉大的愛，我靈疲倦，安息主內，
屬祢生命現在獻上，願它在祢恩典海洋，
更加壯闊浩蕩。
照我道路生命之光，求祢將我殘燈剔亮，
使我心中再現光芒，生命藉祢榮美恩光，
更覺美麗輝煌。

(〈偉大的愛〉，取自《生命聖詩》，承蒙宣道出版社允許轉載。)

讀經：細讀、默念、從心裏讀，

留意特別觸動你的字詞，繼續默想。

與主對話：將你的感受告訴神，聆聽祂的回應——記錄：

註

1. 這些 (these) ——不是指世界、物質，而是指其他門徒。

我不再認為神是隱藏並使我難以尋覓，相反，祂是在我躲藏時不斷尋找我的那一位。

盧雲

I no longer think of God as hiding out and make it as difficult as possible to find him, but instead, as the one who is looking for me while I'm doing the hiding.

Henri Nouwen, ***The Prodigal Son***

春

19. 生命的誕生

以下是三條路的對話[1]——

甲路說我要往海邊去看驚濤駭浪捲起千堆雪；乙路說我要往山中去看千仞萬丈崖插雲貫日的美麗景象。丙路說我只是條新生的路，我的身子尚未完成，心靈也很稚嫩，我的生命中不會有海，也不會有山，有的只是平凡，我並不盼望生命中有多少亮麗的景象流過，我只希望不斷伸展下去……讓一個又一個希望在新生的土地上生根發芽……

太多人已說過人生就是一條路，太多人仍憧憬壯觀美麗的路；至於生命的誕生，卻只有很少人想到。

生命的誕生源於一種渴望 (desire) ，渴望創造，渴望新生及延伸下去，路的誕生也是如此。

生命的誕生源於愛情 (love) ，愛是付出去撒種、去栽培、去接受創傷，路也是如此經歷不斷的修整。

生命的誕生源於信念 (faith) ，信得過生命雖然燦爛、美麗，卻不是虛幻的建造，而是不斷開放的接受衝擊。

亦有人曾說：「靈魂不該試圖重溫過去所體會到的神臨在的那些經驗與舊夢……因為那是回憶過去的恩賜，架構虛幻的情境而已，反而應該生活在對神的愛中，帶著信心等待祂歸來。」[2]生命不是要全然拋棄，像少年人的浪漫及憧憬，亦需要成年人踏實的心態及勇氣去面對。

這樣經歷死死生生，人的生命才能不斷地成長。

註

1. 節錄及改寫自梁建民《青春你在何處躲藏》，台灣：漢藝色研，1978。

2. 甘易逢《靜觀蹊徑》，明鏡譯，台灣：光啟，1988。

靈修習作

屬靈閱讀：樹的自白

冬天過後，我發覺我的根似乎出乎意外的堅固；我舒展一下我的枝條，我不禁驚訝：我終於又度過一個冬天了！我似乎聽到小麻雀的和應：「你度過冬天了。」忽然！我發覺樹枝上竟有嫩芽生出來了，那白色的嫩芽告訴我，我不單勝過嚴寒，並且，我又生長了！此際，連微風也像發出聲音應和著。春雨打下來的時候，我彷彿聽到：「你度過冬天了，你成長了。」我從心底裏肯定地說：「我成長了！」

這時，太陽忽然從烏雲中出現，它說：「你度過冬天，並且成長，因為你是被愛護的。」我望著太陽，感受到絲絲暖意，但我知道我內心的感受是矛盾的；我終於鼓起勇氣說：「我需要你的時候，你在哪裏呢？」話一出口，我的眼淚便不禁奪眶而出，我說：「你離開這麼久，難道你不知道我在寂寞、冰冷的黑暗中嗎？我在此掛念你，你卻不在。」太陽只有重複著那句說話：「你度過冬天了，你成長了，你是被深深愛著的。」太陽見我仍然不解的站在那裏，乃說：「你難道不知道我不在時，寒風使你的身軀更健壯嗎？就算在最寒冷的日子，我仍住在你裏面嗎？就是你身體內沒有冰凍的那一角，你知道嗎？其實，在你未感受到這春天的暖意時，我已使你自由，使你成長；這種改變在生命的深處成形，以至於成熟，雖然你不知道！」[1]

默想一

詩篇第一篇

安靜。

放鬆。

集中。

回到中心。

唱詩：《奇異恩典》

讀經：用心讀兩至三遍。

想像自己是溪水旁的一棵樹；感受一下那裏的環境，看看你的身軀——你的枝條、你的葉子、你的果實……你有甚麼感受？這感受告訴你甚麼？

再想想你的根源，在泥土深處的根，那是怎樣的根啊？它是在吸收豐富的水源的根嗎？它是強壯的根嗎？抑或……你有甚麼感受？

試把你的樹畫出來，塗上顏色；那是棵將會開花、結果的樹嗎？那是成為更多人蔭庇的樹嗎？

如果神是將這棵樹栽在溪水旁的人，而你就是這棵樹，你有甚麼感受？

安靜：將你的感受告訴神。

聆聽祂的回應。

記錄：

默想二

重複以上安靜程序。

讀經：約七37下～38。

嘗試用以下的方式，重複在心中誦讀、聆聽，給自己空間去向神回應。

- 人若渴了……可以到我這裏
- 來喝
- 流出活水的江河來

嘗試用以下這段文字幫助自己更投入喝想——

你聽到嗎？你聽到耶穌的邀請嗎？祂邀請你來喝，去祂那裏喝……

從你的腹中要流出活水的江河……湧流的水……不斷湧流的水……生命的泉水。

從你的腹中，從你內心的深處……湧流。

從你內心深處……主和你相遇的地方湧流，你去到了嗎？飲用了嗎？……這一刻，有甚麼感受？

你聽到嗎？你開始起行往耶穌那裏了嗎？抑或你仍有猶豫……或攔阻？究意是甚麼東西、事情阻礙你的旅程呢？最重要的那件是甚麼呢？

你一定很失望……困擾……你一定很傷心……對嗎？告訴祂，好嗎？

但是，難道主真的不知嗎？他豈不是說：人若渴了，可以到我這裏來喝……你信嗎？你願意靠祂嗎？祂知道你的景況……

信我的人要從他們的腹中，流出活水的江河來……從心靈深處流出的生命泉水……這就是你真正的滿足了。是你真正的滿足，真正的滿足⋯⋯活水的江河，真正的滿足。

耶穌對你說：來吧，來得真正的滿足，「現在」，不是將來，是「現在」，NOW，現在就看見活水、聽見活水，從心靈深處湧流⋯⋯感受生命之甘甜⋯⋯

默想過程及感受。

記錄：神對你說甚麼？
　　　你對神說甚麼？

祈禱結束。

註

1. 改譯自 Mary Fahy, *The Tree that Survived the Winter*, N.Y. : Paulist Press, 1989.

最重要的是做一個見證人，見證在步向死亡的旅程中，在人類共同受咒詛的厄運中，上帝如何插手，將祝福注入咒詛，將一個軟弱的受害者變成有用的器皿。

蘇恩佩《死亡，別狂傲》

春

20．生命的種子

盧雲在他的著作《希望的種子》（*Seeds of Hope*）[1]中有關禱告的描寫，對生命的成長有好幾點是值得我們一再反省的。

希望的種子是甚麼呢？盧雲說是飢渴（hunger）、對神的自顯（God's self-disclosure in history）[2]的依靠及對基督的凝視。正如盧雲所說：「每樣事物，無論是得著或缺乏，都是指向神隱藏的應許，就是我們必要完全體味的應許。」[3]

生命的成長就算不完全是因為飢渴，但渴求的心和期望與成長亦有必然的關係。渴求是對新一頁的期待，是對冰封生命的得以破土的一種態度。雖然是未知之數，但總比失去了渴望好。其實，這種渴望是深藏於萬事萬物中，是不會消滅的。人類追求面對歷史的困局，個體追求生命的釋放，家庭追求心靈的和諧……這些基本的渴求，超越了種族國界，藏於每人心中，就算在最寒冷的日子，都不會死掉。

飢渴或期望卻可以被扭曲。期待親密與被愛是好的，但用各種方法去控制甚至攫取卻是不好的。希望得到尊重是好的，但將這希望扭曲為自以為是的尊嚴，濫求人的尊敬卻是不好的。扭曲了的飢渴是可以漸漸被窒息的。但只要我們願意再開放心靈，它又活過來了。生命——它真是顆奇妙的種子。

對不少人來說，神在歷史中的作為雖然真實，但卻好像與他們無關。其實，這是忽略了在歷史中施行奇事的神仍然具體真實的用祂的妙手來牽引我們。這樣說，就是指出，經歷神是生命的種子。這也是不死的種子。不單因為我們可以不斷或重新開始去經歷神在我們生命中的作為。事實上，神在我們身上的引導及工作與我們對祂的期望及倚靠不是成正比的。在我們為自己設計、籌算、建造中，神巧妙地用祂的方法來使我們成長。

至於對基督的凝視，這當然是禱告及默觀（contemplation）[4]的範疇。説禱告是生命的種子，這是指到生命的養分是來自對基督的期盼。這種恆常的期盼使我們與基督的關係愈來愈進深親密，我們亦對生命的狀況有更深的洞見及意識。然而，這種意識乃建基於道成肉身、成為人子釘於十架、被埋葬和復活的基督。因此，聖經選擇了仰望（beholding）來説明我們對基督的凝視，實在是太美了。

讓我們繼續學習在人生的旅程中，仰望這位創始成終的基督——永恆的生命種子。

註

1. Henri Nouwen, *Seeds of Hope*, N.Y. : Bantam Book, 1989.
2. 盧雲的用語。
3. 參 Henri Nouwen, *With Open Hands.*
4. 以默觀來繙譯 contemplation，有默然、觀看、等候，向神開放、與神同在之意。冥想雖然不是貶詞，但絕對不是好的繙譯。

靈修習作

屬靈閱讀：重新得力

但那等候耶和華的必重新得力，
就算在最大的暗晦及不明中，等候仍然發揮它對生命的益處。○

等候在風中，等候在雨中，等候在乾燥中。△

生命傷痛，罪苦與黑暗纏擾，不斷向你挑戰——
醒來、傾聽、醒來、傾聽。○

但那等候耶和華的必重新得力，
就算生命變得毫無意義，等候仍以它信心的眼睛——
仰望。△

信心的眼睛，你擁有信心的眼睛。
當生命向你挑戰時，你應站立在風中——站住
看風後的青天，看雨後的彩虹，
心中默默記住：等候必得力。○

就算生命辜負你，使你受連累，等候仍以希望的眼睛聆（傾）聽——
希望的眼睛；是的，你擁有希望的眼睛。△

當生活充滿傾軋壓力，你當凝視在暗晦中——
聽風後的微聲，聽良人的腳步聲，
心中默默念記：等候——必得力。○

就算苦不堪言，早覺斷絕，等候仍以它愛心的眼睛——渴慕。
愛心的眼睛，你擁有愛心的眼睛。△

當被遺忘、拒絕，興奮及感激之情不再環繞，你應當伸出雙手接受生活的桎梏及不解，並且
溫柔地舉心向上，表示你對神的愛慕，
心中只要植根在基督裏。○

即使那是極微小的信心、希望與愛心，雖然微弱，
請你呼喚：耶穌基督——祂就是永恆的呼聲！△

就算你深覺已跌至萬劫不復之地底，不復擁有最微小的信、望，與愛，
你當求主助你銘記：「永恆的呼聲曾召喚你的事實：
祂按你的名召你，祂以永遠的愛愛你。」○

· △ 3次
· ○ 5次
· 細讀以上一段文字；反覆默想。
· 留意觸動及牽引你感受的地方，默想這些字詞、句子。
· 禱告：將你的感受告訴神；聆聽神的回應。
· 記錄：

IV. 生命的夏天

每一朵花及每一個果子都有莖，而每枝樹莖亦必有根，而在樹發芽生長，開花結果之前，它必定被小心愛護的栽種。這正是我們誤解的所在——我們往往以為花的芬芳及果子是因為某種奇異的魔術，而忽略了耕耘的必需。

陶恕

Every flower and every fruit has a stalk and every stalk has a root, and long before there is any bloom there must be careful tending of the root and the stalk. This is where the misunderstanding lies—we think that we get the flower and the fragrance and the fruit by some kind of magic, instead of by cultivation.

*Tozer, **Who Put Jesus on the Cross**,*
Christian Publication, 1975

夏

21．我在哪裏與基督相遇

> 神學與靈程學是人尋求神的兩條路徑。靈程之路是祈禱、敬拜與操練，藉此人超越了自身並更深的與神相交。神學之路則是知性方面的研究。然而這兩條路徑又是結合為一的。
>
> 麥奎利（J. Macquarrie）[1]

在認同麥奎利對於神學（Theology）及靈程學（Spirituality）的關係的說明的同時，我相信絕大部分的人與基督的相遇都是由靈程開始的。雖然也有人是由神學入門去認識基督，但其對神的了解已絕不限於知性的範疇，而必定已滲入了生命的元素。我們可以結論說，所有神學都必定是與靈程緊緊相扣的。並沒有一種沒有靈程學問的神學。

至於我與基督的相遇，亦是由祈禱開始。那是怎樣的祈禱呢？回想起來，那該是悔罪、謙卑、依靠的祈禱。當然，那亦是真誠的祈禱。一九七六年八月五日，在梅窩的小山崗上，我含著淚對基督說：「耶穌基督啊，幫助我做一個真真正正的人。」

在接近午夜的時刻，我獨自一人發出禱告。沒有牧師在講解聖經，也沒有聖禮，成聖卻在聖靈的引導下逐漸完成，生命亦忽然由流浪轉到朝聖，生命遂增添了一份共感、一份敏銳。

你在哪裏與基督相遇呢？在我的朝聖旅程中，我在聖經中與祂相遇。信主後在小閣樓上勤讀聖經，由之而生的喜樂與滿足，仍然歷歷在目。因為我喜愛閱讀，很多屬靈的先導的榜樣如戴德生、宋尚節、倪柝聲、慕迪、慕安德烈等深深吸引了我。在清教徒及敬虔派的祈禱生命中，我亦找到不少與基督相遇的蹤迹。

念神學時，最重要的反省是天國的神學（Kingdom Theology），這種以神的創造及神承托和支持整個世界的理論，和我大學時代所念的政治學及歷史學亦有相通之處。那時，常常思想的是信仰如何深遠地植根於本土，信徒如何活在此時此刻。

最初牧會的日子，忙碌得忽略了禱告及安靜；其後，讀到盧雲的心路歷程，才更深體會到安靜及默想、注目基督的重要性及適切性。於是，我亦漸漸走上了默觀基督的路。

但那時，我還未曾完全明白相遇就是透過安靜與默想，不斷歸回，並與神相屬。在很多「相遇」的時刻中，我未曾完全的被神掌管生命。並且，在不少考驗及試探中，我根本把握不住這相遇，這實在使我非常苦惱。漸漸，我明白到與基督的相遇乃是一生的學習，在困境中的倚靠，及不斷的將自己藏在祂裏面，被祂引領。

現在，我能夠下一個清楚的結論，就是我在哪裏與基督相遇呢？原來是祂在等候與我會面，使我得喝樂河的水並得以飽足，這實在是奇異恩典。

註

1. J. Macquarrie, *Paths in Spirituality*, London : SCM, 1972.

靈修習作

默想一

寫一封信給你的靈友，告訴他你在何處與基督相遇。

默想二

安靜。

讀經：賽四十九 8 ~ 16

用讀誦的方法，細細咀嚼、等候、聆聽。

回應。

禱告。

記錄：

默想三

參考列祖的生平，看他們是怎樣與神相遇，在不同景況中，他們的反應怎樣，神如何引導及回應他們。

想像自己是約瑟或雅各，代入他們的角色，想像一下與神相遇的情境。

禱告結束。

使神歡心的是我們以信，以望，以愛來尋找祂，而尋見祂使我們的靈快慰，並充滿喜樂。

茱莉安

The seeking, with faith, hope and love, pleases our Lord, and the finding pleases the soul and fills it with joy.

Julian of Norwich, ***Revelations of Divine Love***

夏

22．生命的花園

參考馬太福音第六章，想像一下現在踏進一片廣闊的草原……那兒有很多百合花，你看到嗎？聞到花香嗎？感受到微風吹送嗎？在這片廣闊草原中有很多百合花，你看到、嗅到嗎？風起時，你彷彿聽到：「你們所需用的這一切東西，你們的天父是知道的。」百合花在野地生長得這樣美麗，自己並無選擇要在哪一塊田生長，百合花甚至不可控制周圍生長的植物，百合花也不可控制天氣，百合花只可以迎著陽光開放。

今天我們面對懼怕驚惶，似是無其他選擇，但我們可以學百合花，迎著我們的主來開放。現在就向主開放；張開心靈的眼睛，打開心靈的耳朵……

你要看到
祂向你伸展，你要聽到祂對你說祂愛你；
祂告訴你，你所需用的這一切東西祂都知道。
對主說：「主啊！祢知道我們的驚惶、懼怕、破碎、黑暗，
在我們不知的時候，祢已經知道。」
學習百合花迎著陽光開放吧！
雖然沒有選擇，並有很多挫折，
但向著主打開心靈，去看，去聽，去向祂說話。
「主啊！提醒我們就是所羅門最榮華的時候，也比不上可
愛的百合花，
在我的破碎和黑暗裏面，讓我的眼睛和耳朵親自聆聽到祢，

從心裏知道祢愛我，除去一切懼怕，
主啊！祢的愛焚燒一切懼怕，驅逐一切懼怕。」

現在就讓主真真實實擁抱你、環繞你。
在我們心中，深深意識到
就是所羅門極榮華極尊貴的時候，也比不上一朵開放的在野地的百合花，
你就是那百合花，你就是那位主所愛的。

將你的眼光由懼怕轉移到耶穌身上吧！
祂對你說，祂要焚燒一切懼怕。

正如海洋需要水一樣，我們的生命需要愛，
愛是從神來的，神就是愛：愛裏沒有懼怕。

繼續逗留在這片廣闊又美麗的草原上，做一朵被神所愛、所珍貴的百合花！
從你的心裏面聽到：天父是知道的！

靈修習作

安靜、集中。

唱詩：《靠主得安息》

1.耶穌，何等奇妙救主！我心喜樂得安息；
我已領略主恩豐盛，主愛廣無邊。
祢命我舉目仰望祢，祢的榮美沐我靈，
祢又用祢改變大能，使我得完全。

2.一心信靠救主耶穌，我得瞻仰主自己；
主愛何等完全，永恆，滿足我的心。
滿足我極深的渴望，供應我每一需求，
祢恩福四面環繞我，祢愛極深厚。

3.無論工作或等候主，求祢面光永照耀，
當我安息祢笑臉中，黑影便消失。
願天父榮耀的光輝，祢聖臉所發光芒，
使我永遠信靠安息，藏身祢恩中。

（取自《生命聖詩》，承蒙宣道出版社允許轉載。）

安靜

閱讀：用心再慢慢細讀以上的文字。

捕捉感受：讀到觸動你的地方，做一個記號。

禱告：默想觸動你的詞語、句子，聆聽這感受所提示的信息，如果你感到懼怕，在禱告中可向神說：「神啊，到底是甚麼使我懼怕？」然後聆聽，聆聽之後，將你的想法及感受交託給神。又或者「迎著陽光開放」給你深刻及安慰的印象，嘗試沐浴在陽光中時，向神說：「我需要怎樣開放？」然後聆聽及回應。

記錄：

安靜

將所有的記號寫下來，看看可否找到它們彼此之間的關係；你留意到甚麼，有甚麼新的發現？

記錄：

禱告結束。

你們查考聖經，因你們以為內中有永生；給我作見證的就是這經。然而，你們不肯到我這裏來得生命。

約五 39～40

新約裏話語的職事，不是神一個一個字的念給人聽，再叫人一個字一個字複述出來。神的話在新約裏，乃是神將光照亮在人的靈裏……那個光好像閃了一下，好像要跑掉，人要用思想把那光定住。

倪柝聲《神話語的職事》

夏

23．神言的養分

「每一個讀經的人都是先入為主的。」

驟眼看這句話，幾乎一口咬定是弄錯了，豈知想清楚一點，卻又有其道理。「先入為主」(pre-understanding) 雖然是即時的回應，卻可能是最真的。

試想想，我們每個人的背景及傳統都不盡相同，而且因著我們個人經歷及遭遇的不同，亦會對事物有不同的看法；因此，表面上不能是客觀的讀經，亦會帶有個人色彩。這樣的讀經是避免不了的；雖然研經者都會嘗試保持客觀，但實際上，主觀成分仍是少不了。

既然如此，我們不是去否定「先入為主」，而是如何避免因為「先入為主」帶來的困難及危機。

神言怎樣成為屬靈生命的養分呢？我們必須肯定神是首先發言，並且是要我們去接受 (to receive) 。在這個過程中，我們不斷改變，被更新塑造成更合神心意的人。聖經若是生命，我們必須以生命來回應。以下幾個重點，我相信是我們真正的需要：

1. 不否定客觀，如歸納性研經的成果及了解。觀察、分析、應用三部曲，字義、歷史及文化背景等等都是很基礎的學習。
2. 不要堅持得著個人領受及意見。我們若從文學、歷史、心理學、哲學等去了解聖經，我們會發覺有很多不同的珍貴角度。
3. 重視經文對我的啟示，而不是我有甚麼獨特見解；意思就是重視啟示經文的主並我們和神的關係，比經文的了解更重要。讀經與生活不能分割，神的話在此時此地對我有甚麼意義，與頭腦上的知識性理解同樣重要。

4. 做一個讀經的人，而不是做一個擁有方法或自以為是的人。即不是以方法為主體，而是做一個以神的引導、生命的改變為中心的人。

5. 將先入為主深化成個人 (personal) 對生命之言的領受及渴慕，這是讀經生活的轉捩點。讓我們追求在心態上的完全改變。放棄捷徑，而學習成為安靜謙卑的人。

靈修習作

由先入為主到真正的渴求生命之言

讀經：約六 63，七 37～38。

用讀誦的方法細讀、默念。

默想：一個讀經的人最需要的是甚麼？

記錄：

由渴求到全情投入的讀經

安靜、集中。

讀經：太二十六 36～46。

先讀數遍，用心細讀。

進入經文現場——投入、集中。

感受現場。

感受自己的回應。

感受神在其中。

向神說話、聆聽祂的回應。

等候。

禱告。

記錄：過程——

你發現甚麼？

神對你說甚麼？你對神說甚麼？

你問我心靈的聲音是甚麼。心靈的聲音就是愛……若心靈禱告，我們該知道它能在無言無語無思的情況下不斷地禱求。

尚尼格拉．高羅

You ask me what this voice of the heart is. It is love which is the voice of the heart...If it is the heart that prays, it is evident that sometimes, and even continuously, it can pray by itself without any help from words, spoken or conceived.

Jean-Nicholas Grou, ***How to Pray***

24. 禱告生活
——生命的覺悟

The most holy and necessary practice in our spiritual life is the presence of God.

Brother Lawrence

反省

當沙漠教父亞爾色紐 (Arsenius) 向神禱告：「父啊，帶領我更走在救恩的路上。」神回應他說：「安靜……常常祈禱。」我們也可以這樣向神禱告，並聆聽祂的回應。不錯，我們常常向主說話，但我們或許缺乏了由心靈及由心底發出的真正禱告。亞爾色紐深知自己的需要；他知道必須由神去引導他。他也安靜地等待神的回覆。

這樣禱告是單純的，並不是技巧、方法，也不是可以被教導而學識的方法，而是禱告者 (prayer) 必須親身經歷的。能夠這樣禱告，就是省悟到生命的真相，並且甘心放下複雜及外在的途徑，而開始清心的追求神了。

禱告就是由腦入心的過程。記著，是由腦、由純粹的知性到心靈的感應的過程。只有頭腦上的了解而無心情的體會，就像愛情缺乏了滋潤，很快枯乾。但是由腦入心也不是完全取締知性；事實上，我們的心在發動時，我們的腦袋也沒有停止運作。盧雲曾說：祈禱就是站立於神的面前，將思維帶入心靈中 ("Standing in the presence of God with the mind in the heart.") 。

這樣禱告的時候，神就將我們帶到心靈的深處，我們真正明白內室的祈禱是怎樣的一回事了。然而，你還要不斷的渴慕神，才能領受地禱告，並最終經歷內室的親密。在禱告的傳說中，這可稱為唯愛的禱告 (affective prayer) ，也就是默觀 (contemplation) 的起點。

靈修習作

默想一

安靜、集中。

讀經：路二十二 54～62。

嘗試讀誦、默記這段經文。

留意有甚麼說話特別觸動你。

告訴神你被這些說話感動。

停下來，聽神的回應。

捫心自問：是甚麼令你如此感動，例如：「基督轉過身來」是最感動你的話，嘗試向神說：「主啊！是甚麼 (what) 使我深深被這話感動。」

聆聽一下自己的心聲及神的回應。

現在，你可選擇代入彼得的角色，經歷這個三次不認的過程，看看自己的感受。

記錄：

禱告。

默想二

安靜、集中。

讀經：路二十三 33～49。

重複以上程序。

記錄：

禱告結束。

若要佔有一切，
就要渴求一無所有。
若要成為一切，
就要渴求成為無有。
若要認識一切，
就要渴求一無所知。

十架約翰

In order to arrive at possessing everything
Desire to possess nothing
In order to arrive at being everything
Desire to be nothing
In order to arrive at knowing everything
Desire to know nothing

St. John of the Cross, ***Ascent of Mount Carmel***

夏

25．生命的愛情
——良友與良師

我的屬靈老師送給我的，簡單一點來說，是他的生命。

是的，他的生命在說話。當然，老師也教導我很多靈修傳統及靈修指導的功課；但我最記得的卻是最初幾次與他談話時，他送給我的幾個字。

第一個字是「退後」(regress)，老師的意思是，你若要學習靈程的學問及明白靈命長進的意義[1]，必須先退後 ("In order to progress,you must regress.")。當你肯退後，並經驗退後時，生命就在不知不覺地前進。退後，就是願意接納生命的真相，願意放下執著，並且願意誠實的觀照生命。

第二個字是「無用」(useless)，要有用 (useful)，必須體會自己本來一無是處。雖然你有才幹、恩賜，你決不能單靠自己的努力去成事。在無用中，人將體會神的有用及神的幫助的意義。這樣的過程，的確是痛苦非常，因為生命被帶至絕境、進退維谷之境；這時我們才醒覺以往的有用 (useful) 只是一己才華，絕對比不上經歷與神同工的精彩。

第三個字是「溫柔」(gentleness)，當生命由前進猛然地退後，當生命由成功轉到失敗，你必須溫柔的對待生命。你不要以為這是止境；實則，這是生命更新的起點。溫柔不是放棄，也不是姑息，而是因信、因主、因愛而在心中長存的情懷。溫柔的目標就是主自己。這顆心也使我們不致折斷、不致消滅。

註

1. Spirituality是一門學問，也可說是一種智慧，但Spirituality也是一個靈命塑造的過程：前者是discipline，後者是formation。

靈修習作

默想一

1.放鬆 (Relax) 。

2.集中、回到中心。

3.用一短誦 (mantra) ——「主耶穌啊，開恩可憐我！」繼續集中。

4.安靜 (Silence) ——停在主面前，休息。

5.讀經：詩二十七 4。

6.用讀誦方式、默念。

7.默想。

8.與主對話。

9.記錄：

默想二

用以上方法再做。經文：雅三13、17（在經文加上「我」字）。

屬靈閱讀：愛是一生追求

當我們要踏出第一步，像騎士希望馳騁在愛的草園、在愛的草場時，又或者像冒險家伸出手，踏出大步要航行在愛的海洋時，

要知道不單是一生的追求，也是不斷冒險。當你愛時，

你會看見自己是個不能夠愛的人，看見這是個恨的世界，但應緊記神的愛似無邊而又深廣的海洋。

詩人便説：神啊我投靠祢，

當詩人的生命受到威脅時，正是不能伸展、實踐愛的時候；

詩人便對神説：神啊我投靠祢，不單是

你要緊記在愛的海洋不是靠自己的雙手雙腳，乃是靠那位愛你的主。

在愛的旅程中，當我們遇到威脅的時候，我們就會受到限制，

會執著一些即時的保障，

若執著安全的保障、神以外的平安，這時愛就受到限制。

詩人所執著的是：我投靠祢，

「我投靠祢」就是生命的共融，生命的共融就是默想、祈禱，

「我投靠祢」代表一種委身，去愛神。
沒有人能不愛神而伸展到自己，也沒有人能不被神愛過而實踐到真正的愛心。
惟有被神愛過、愛過神、在禱告默想中與神彼此相愛，
正如詩人説：我投靠祢，這時才能夠去到愛的海洋、愛的草場，
在那兒馳騁，或自由航行。
對詩人來説，生命不再是生與死的分別，乃是有神與無神的分別；
非在於為神做了一些事，乃在於有否愛神或被神所愛。
詩人憑甚麼進入愛的海洋？
詩人説：我投靠祢，祢是我的主，
我的好處不在祢以外，
詩人所重視的是主啊祢是屬我，就似在對神説我只要祢，
我的好處不在祢以外：有了祢便有一切幸福，失去祢便失去一切。

在這恐懼、悲痛、割裂、罪咎、自己不認識自己的人生中，擁有神便是一切。
在追求各樣美善中，必須有神在其中，
就算將我一切奪去，拒絕我、反對我，亦不能叫我否定神愛我，我愛神，
既然神愛我們，我們都要追求愛，
即使在破碎人生中，就像一塊已經破碎成千塊萬塊的布的人生中，仍説：
主啊！祢是我的一切，祢是屬於我，我只要祢。
相信惟有在進深、寧靜的禱告中，
才知神要我們：拿起甚麼，執著甚麼，放下甚麼，

但就算你甚麼也不知道，
總聽到神對你說：神愛你，為你犧牲，稱呼你為兒子，這是十字架的愛，

在恐懼的人生中，惟十字架的愛使我們滿足，要執著這份愛，須學習放下、鬆手，
上路的時候將一切交託主，
在禱告中辨別到拿起甚麼、放下甚麼，不用怕未完全學懂愛，
只須緊記一句說話：神啊我投靠祢。
神所珍惜的是我們對祂的愛的決心，

十字架就是挽回、饒恕。
如果愛從神而來又湧流到我們周圍的人，
我們需要問自己，身邊是否還有一些不能愛的人？
神要求我們怎樣對祂，今天我們是否正完全愛著自己？
詩人說：神啊我投靠祢，
這並非速成，並非強制得來，而是在禱告、進深的安靜獨處中的經歷，是在百合花田中與神相遇，
神要指教你，要將最好的給你，
因為祂知道一切，當你不知時祂已開始工作，
當我們不去獵取、控制、擁有時，愛便顯現出來，
我們經歷到最自由的神人之愛。
然後會發覺雖然與神建立關係已有多年，原來心靈仍然渴慕更深被神觸摸、更被周圍的人接納；
心靈似有大空隙正等候被神充滿。

要實踐神人之愛，所持的信念是「愛是永不止息」，

所以注意力集中耶穌身上，
「我要向山舉目，我的幫助從神而來；」
「耶和華是我的牧者，我必不致缺乏。」
「我所賜的平安不屬於這世界；」
原來天父一直固執地愛著我們，不放棄地愛著我們，
等候要將我們擁入懷抱。

讓我們堅信：
如果神的愛是玫瑰花，便仍然散發芬芳；
如果神的愛是光，便仍然照耀黑暗；
如果神的愛是綠葉滿枝的樹，便仍然呼召你和所有人到綠蔭樹下；
如果神的愛是海洋，便盛載你，帶你到祂那裏，又帶你到遠方親愛的人那裏。

祈禱後，將對神所說的話寫成給耶穌的信。

自由地談論，把自己關注及思想的都完全交託於朋友，以致你們可以彼此啟迪、給予及接受、傾出及飲用。

里霍的聖艾里（1109~1167）

Speak freely, therefore, and entrust to your friend all your cares and thoughts, that you may both learn and teach, give and receive, pour out and drink in.

Aelred of Rievaulx

夏

26.鐵磨鐵、心連心

我較喜歡六十年代，因為那是有情的年代。

和家人躺在蓆上聽《雷克探案》及《大丈夫日記》，和朋友「打波子」，去涼茶鋪聽歌，和街坊及左鄰右里「打牙較」——純樸、簡單，但有情。

歷史中不乏有情有義的人，聖經中也有不少重情義的人物——路得、大衛、約拿單、巴拿巴都是表表者。其中最吸引我的是王子約拿單與牧羊小子的情。

約拿單與大衛的心連結在一起，他們心靈相同、深相契合。一方面彼此欣賞砥礪，一方面彼此肯定扶持，並不帶任何交易或附加條件，只是赤誠的交往。

約拿單以外袍、戰衣、弓、刀、腰帶相贈。對於一個軍人來說，這是很重要的標記。難怪聖經說約拿單愛大衛如同愛自己。今天，我們也很著意送禮物表心意，但是否有一份委身於對方的決定，又是否時刻為對方的祝福著想呢？大衛身處險境之時，約拿單不單維護他，並且「使他依靠神得堅固」（撒上二十三16），共赴艱途。

時窮節乃現。今天我們需要更多心連心——能真心傾聽及對話，和鐵磨鐵——能坦誠討論分享的朋友。

我的兩個兒子：大兒子的英文名字有祝福（Benedict）之意，小兒子則取了一個護教辯道者——殉道者游斯丁（Justin）的名字。我想，我是希望我們的生命都成為別人的祝福，並且能為別人付上生命的代價。

靈修習作

反省：與人的關係

「免我們的債，如同我們免了人的債。」

反省我們與神、與人的關係。

A. 請想一下現在有哪些虧欠必須向他人承認及求饒恕？

B. 我是否虧欠別人或有人虧欠我呢？

C. 請寫一封不寄出的信，表達自己的妒忌、憤怒、偏見及不諒解。

D. 請為這個人禱告，為自己禱告。

默想：約十三 1～17

1. 讀一遍。

2. 用口頭語精簡再念——留意觸動你的字詞。

3. 敍述——進入感受、想像、觀看，置身其中。

—那天晚上，受難時刻，耶穌和門徒一起吃晚飯。耶穌知道這是最後的晚餐。夜色迷漫，眾人心情亦很憂悶。經過一日工作，大家疲累。有些人竟細聲爭論起來……忽然，

—耶穌站起來，脱下外衣……眾人感到奇怪之際，主拿了一條手巾束腰……又倒水在盆裏……很靜……靜得連水倒在盆中的聲音也清晰可聽……大家沒有說話，只坐在桌前。

—耶穌開始洗門徒的腳……祂彎腰、低頭跪下為一個一個的門徒洗腳，又用手巾擦乾。門徒仍然靜默，耶穌一個一個的洗、彎腰的洗……約翰……甚至猶大的腳……

—到西門彼得面前時，彼得說：「主啊，祢為我洗腳麼？」

「主啊，這是奴僕的工作啊，祢竟作我們的僕人麼？」耶穌當然明白這是奴僕的工作……但耶穌回答說：「彼得，我現在為你作的，你未必明白，但你一定接受。」

—彼得不明白，仍然不肯，「主啊，不可以、不可以的？」耶穌內心非常難過：最後晚餐……分離、孤單、被賣，心情一浪一浪。

—但耶穌仍然和彼得解釋為甚麼祂一定要為彼得洗腳——耶穌知道這樣為門徒洗腳不單是潔淨，也是洗禮的象徵，就是有分於基督的象徵，但耶穌怎能給彼得解釋明白呢？祂只有勸慰彼得「接受吧！」「接受吧！」你就進入神的家，你就真正吃天國筵席了。

彼得接受神要賜給他的恩典。

主教導彼得及門徒彼此洗腳——學習謙卑及彼此服事的功課。

想像主就近你面前，主也說洗你的腳麼？你願意嗎？

你對神說甚麼？你有甚麼感受？

停留在這景象中繼續與主交談你的感受；聆聽祂的回應。

屬靈閱讀：樹的自白

樹日漸長大，不單不再孤獨，而且和整個森林打成一片，有時他會捕捉孩子的風箏，但又讓風將它吹走。孩子們對他說：「你是個運動能手呢，我們會稱你為朋友。」有一次，一對愛侶坐在樹蔭下情話綿綿，他們將名字刻在樹幹上，又對樹說：「我們會稱你為保守祕密的人。」但一日一個疲倦的老婦路經這片森林時，竟然沒有注意他。樹輕聲的說：「來休息一下吧。」但直到他將果子拋向老婦，老婦才察覺樹，她看來憂慮非常，坐下、吃果子、沈思，但當她倚在樹幹上時，樹感受到婦人放鬆（relax）了！最後，婦人站起來，對樹說：「謝謝！」——然後擁抱著樹。

此際樹因疼痛而畏縮起來，原來婦人觸及樹的傷口，那是冬天風霜造成的傷口。婦人彷彿有所悟，於是她輕輕撫平樹的傷痛，那一刻樹和婦人成為一體了——在樹和這位被困擾的婦人中，有一種深深的體悟了解！

婦人說：「我會稱你為希望。」帶著愛及感謝輕撫樹。樹謙卑的彎腰，他為到能分享生命的恩典感恩，也不期然為到他的傷口起了一種不言而喻的合一而感恩。他不再排斥這一度使他痛苦的傷口了。

他不禁又默默細想，念到：「有誰能知道我已經歷過這麼多高低起伏的日子啊……除了……除了……啊你——太陽。」樹抬起頭來，對太陽說：「你聽到嗎？我知道那種被需要、被『命名』的『感覺』嗎？我被稱為朋友、守祕密者和希望呢！」

太陽說：「真好！那麼，我給你甚麼名字呢？」「怎麼！你給我起了名字嗎？」樹驚奇他自己的不自覺，太陽續說：「在你還是種子時，我已為你命名。聽著啊，細心聽著啊。」——此時，太陽照遍遠山，樹悄然站著，好像在等候這一天來到的應許。

黃昏已過，樹仍站著，他在星光中再問，你怎樣稱呼我啊？「你被稱為忠誠（faithful）」——他心靈深處回響著，「你被稱為忠誠。」夜星在閃動——再次肯定這答案。

你的「名字」是忠誠（faithful）——千萬點星光忽然照遍沈沈的黑夜，好像在「宣告」樹的忠誠！[1]

回應

我的名字是甚麼？

我希望我的名字是甚麼？

將你的想法告訴神。

註

1. 改譯自 Mary Fahy, *The Tree that Survived the Winter*, N.Y. : Paulist Press, 1989.

耶穌知道祂的門徒將會遭遇極艱難及充滿敵意的世代……因此祂給予他們一條行動的公式，乃是：因此你們要靈巧像蛇，純良像鴿子……我們必須糅合蛇的靈巧堅毅和鴿子的溫良，即是頑強的意志及溫和的心。

馬丁．路德．金（1929～1968）

Jesus knew that His disciples would face a difficult and hostile world...And He gave them a formula for action: Be ye therefore, wise as serpent and harmless as doves...We must combine the toughness of the serpent and the softness of the dove, a tough mind and a tender heart.

Martin Luther King, Jr., ***Strength to Love****, 1964*

夏

27．生命的奉獻

使我作祢和平之子，
在憎恨之處播下祢的愛；
在傷痛之處播下祢寬恕；
在懷疑之處播下祢信心；
在絕望之處播下祢盼望；
在幽暗之處播下祢光明；
在憂愁之處播下祢歡愉。
啊，主啊！使我少為自己求；
少求受安慰，但求安慰人；
少求被了解，但求了解人；
少求愛，但求全心付出愛；
在赦免時我們便蒙赦免；
在捨去時我們便有所得；
迎接死亡時我們便進入永生。

法蘭西斯（Francis of Assissi）的禱文舉世聞名，但有一件逸事，同樣使人感動不已。有一次，他經過整日工作，早已疲累不堪，在回程中，他隱約見到街角的人影。在黃昏的陽光影照下，他知道那是個麻瘋病患者。法蘭西斯實在太疲累了，他下意識的舉步往另一個方向走；但轉念一想，他終於轉身走向那個麻瘋病人。當他走近病人的時候，他清楚看到他潰爛的皮膚，但經不起那哀求的眼神，他慈心的發動終於使他勇敢地擁抱著這麻瘋病人。

奇怪的事出現了，就在那一刻，麻瘋病人痊癒了！這人歡喜若狂；法蘭西斯也分享這份興奮及愉悅的心情。當他離開這位被醫治的病人，他實在掩不住內心的高興。但就在那轉身的一刻，那人忽然不見了！

法蘭西斯相信，那必定是神差來的使者，或者就是——主耶穌自己。

靈修習作

默想一

安靜。

讀經：可十 45。
讀誦、默念這節經文。

禱告。

默想二

太二十五 14 ~ 46

安靜、集中。

呼求主：「我的心仰望祢。」

安靜——直至進入更深的安靜。

禱告：簡短為整個安靜時間禱告。

讀經：誦讀一遍、再慢讀，寫下留意到、觸動你的字詞，從心裏再讀。

默想這些對你有獨特意義的字、詞、經節，留意你的感受，究竟是甚麼最感動你？

記錄：

繼續在禱告中問主：「真的是這樣嗎？」
「這是祢的心意嗎？」「僕人敬聽。」

等候、安靜、聆聽。

寫下你對神的感受、回應、立志（用書信形式）。
你可以如此寫：

親愛的主：
　　在剛才的安靜中，我……
　　你在太二十五45的提示十分真實……
　　我感到……

你親愛的兒女

年 月 日

默想三

約六1～14

安靜、集中。

讀：留意吸引你的地方，感受一下自己的心情。

聽。

觀看：投入、置身其中。這不是福音故事，這是屬於你的福音。

在一個小山崗上，就近湖邊的小山崗上，坐滿了很多很多的人，男、女、老、幼……很多人。太陽已下山了，天色也慢慢暗下來。耶穌站在山崗上，耶穌疲累，門徒亦有倦意。那些聽完耶穌講道的人仍未散去，他們都在商量：去哪裡買些甚麼吃的東西？耶穌聽到人羣的聲音，也看出他們的擔心，就對門徒說：「你們給他們吃吧。」門徒聽到耶穌說話，都不知怎辦，只是站在那裏。腓力更說，只有二十兩銀子，不夠呢。這時安得烈帶了一個孩童來，這個孩童有五個大麥餅和兩條魚。耶穌吩咐眾人坐下，他們就一排一排的坐下，一排一排的坐下，原來一共有五千人。

耶穌拿著餅舉目望天，眾人都望著主，主祝謝了就擘開，將餅分給人羣。

耶穌又拿著魚舉目望天，祝謝了，又分給人羣……一排一排的人，餅和魚就是這樣分出去，傳到每個人手中。這樣，每個人都得飽足……他們臉上露出滿足神色。收拾時，剩下的竟有十二個籃子這麼多。門徒滿足了，耶穌也滿足了。

現在就停留在這山崗上，注目觀看人羣、耶穌、門徒，實在是充滿和諧、美麗的圖畫，是嗎？你滿足嗎？聽一聽，感受一下，你聽到甚麼嗎？你感受到甚麼？

這時，主耶穌忽然轉過來溫柔的望著你：你給他們吃吧，你給他們吃吧。你望著耶穌……你有甚麼回應呢？你有甚麼感受呢？

你對耶穌說甚麼呢？……

與耶穌交談一下你生命的目標，寫下你心中最渴望的人並理想，你認為怎樣活才是有意義。具體寫下未來五年你如何達到這目標。

留意這目標是否實際可行。

留意這目標的動機。

記著，主喜悅我們跟從祂，但不是說祂要我們放下心中的渴望。有沒有想過，你心中的渴求可以被主校正、被主使用。

禱告結束。

告訴一個你最親密的朋友——你的決定。

附錄

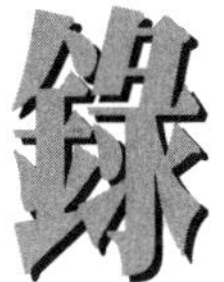

甚麼是屬靈操練

靈修就是經歷神的過程及操練，以致信徒能經驗神實實在在的同在。

這個過程包括了 (1) 個人的敬拜生活——讚美神、與神對話、安靜、讀經、禱告、反省及默想， (2) 在事奉及生活的過程中不斷經歷及體驗到神的同在。屬靈操練就是在二者的張力中保持一種平衡，在生命的發現中的不斷整合，而隨之而來對神及自身的認識，將使我們生命真真實實的經歷神。

首先，修煉靈性以至於經歷神的同在，是基於一個信念——神願意與我們同在。

請看祂的應許：

a. 父的同在：慈愛的父神稱我們為兒女（約三 1）。

b. 子的同在：基督道成肉身住在我們中間（約一 14），被差到世上（約十七 14～18）。

c. 聖靈的同在：聖靈住在我們心中，與我們有團契（林前三 16），用說不出的歎息為我們禱告（羅八 26）。

神既將自己給予我們（self-giving），我們必會不斷經歷神的同在，我們可以信得過這是可行的。雖然說，生活與敬拜及禱告是互為內在的，在我們進入世界生活之前，生命必須體會到神怎樣以無限的愛來愛我們，才能成為一個滿有能力的基督徒。

反之，缺乏神同在的經歷往往構成生活及事奉上的乏力，生命也不能成長起來。

(1) 個人的敬拜及禱告

靈修生活，就是生活及事奉的原動力，是信徒生命的核心，我們活得是否有方向、有內涵、有意義，全賴這個核心的支撐。困難會變得更複雜，或甚至擾亂了我們的步伐，而現代社會的潮流及趨勢，是非對錯觀念往往使我們隨波逐流。

靈修生活中若經歷神的同在，就能帶來：

a. 自我的認識和警覺（self-awareness & alertness）。

b. 意識到神的同在。

c. 並能以神的眼光來看世界。

若神同在是這樣重要，你對神的同在是否很渴慕呢？要緊記，渴慕神比一切都重要。雖然必定有困難，但這渴慕使你重新再開始。

一方面，我們必須承認生活在都市，有各種壓力及試探；在人生中，這些苦是少不了的，各人也因性格或因情緒而覺得靈修乏味，死結重重，這也是無可避免的。接受這種困境而再思出路，總比逃避、埋怨來得實際。所以，信徒要學習正視生活中攔阻我們親近神的因素。

另一方面，要明白操練敬虔（提前四 7～8）並不是單靠個人的努力，也是指望永生的神。在作成得救的工夫及仰望的學習中——也會構成張力。甚麼時候該放手讓神工作，甚麼時候要全力以赴並堅忍下去，這也是一種屬靈判別的智慧，需要好好保守自己的心有一誠實的態度。

(2) 靈修必須與日常生活結合

留意神在你生活中的作為，並以信心去體驗神隨時隨地的工作。

「主吩咐西門說：『把船開往水深之處，下網打魚……』他們下了網，就圈住了很多魚。」（路五 4、6）門徒生命成熟是從實際的體驗中看見神的工作，這樣的生活，慢慢你就會發覺，靈修、敬拜、生活；又由生活回到靈修與敬拜，是一個循環而不是一條直線來的。

想一想：靈修

a. 不單是責任，也不是義務，而是一個愛的回應（雅二 1~4、7）。
b. 不是功利主義式的，希冀去得甚麼知識及情緒的滿足。
c. 不是獨白沈思、自我中心的分折。
d. 不是重複一些程序化 (program) 的練習。
e. 是主動投入參與的過程，專心的追求與主在一起。
f. 是對話 (dialogue)，以神為中心的體驗神的安慰、鼓舞；是生命的發現，以神為中心的仰望。
g. 是信心及心靈的操練，是生命的相交，將你所發現的告訴祂，也願意聆聽祂。
h. 是加強我們對使命的承擔及行動的原動力。
i. 是與其他肢體一起敬拜、禱告及尋求的過程。

(3) 培養良好的習慣

早點起牀，找一個可以絕對安靜的地方。（最初，可選擇詩篇及福音書細細品味。）

a. 早上起來出門之前學習安靜、仰望神，安靜的交託你新的一天，不要規定自己讀長長的經文，盡量安靜的與主親近。
b. 工作、上學或中午休息時，可盡量爭取安靜，默默的向主禱告。若能反覆思想及背誦一些經文，幫助會更大。
c. 晚上抽出一段時間專心看神的話語，有系統地閱讀，若不明白的地方就查考、詢問，想一想怎樣應用。
d. 次序時間可以按個人需要而更改。

e.有健康的體魄，才能應付工作帶來的勞累，每週宜做適量的運動，不看無謂的節目及書刊，學習約束自己的心思。

最後必須聲明的是，以下的靈修習作只是預備我們進入更佳狀態，本身並無特別價值或功勞。各人可以按著自己的需要，選擇能幫助自己進入安靜的途徑。謹記，安靜本身不是目的；重遇基督（或被祂遇見）才是真正的禱告。

一、進入安靜的途徑

深處的求告

· 放鬆。
· 選擇適當坐姿、舒服、背部感覺到有支持。
· 輕輕閉上眼睛，不必緊張。
· 注意力集中於自己的呼吸——感受一下這是神所賜的生命氣息。
· 做幾下深呼吸，幫助自己更安定。
· 在心中給自己一個信號：「我要安靜。」
· 回到中心——心靈的內室，嘗試安靜、仰望、感受神的臨在。
· 呼求：「我從深處向祢求告。」*用這句經文幫助你安定在神面前，溫柔的心中細誦：「主啊！我從深處向祢求告。」
· 安靜。

*可選擇自己喜歡的經文，如：
「主啊，我願祢來。」
「我的心默默無聲專等候神。」
「主啊，開恩可憐我這個罪人。」

靜

1. 放鬆。

坐得舒服一點，閉上眼睛，告訴自己安靜、休息。

留意自己的呼吸、集中。

用手掩耳及面 ，只聽到自己呼吸，你聽到嗎？

現在，慢慢放開手，閉上眼睛，聽聽周圍的聲音，每一種聲音。

從心中浮起一個意念，萬物的聲音都是由造物主賦予的，感謝祂。

2. 放鬆。

坐得舒服一點，閉上眼睛，告訴自己安靜，在主面前休息。

留意自己的呼吸，自然的伸開手，手心向上。

呼、吸、呼吸，自然的呼吸。

吸入時心中呼求主的名字，溫柔，不要急躁。

靜。

停留在這種靜的狀態中。

二、歸心禱告（centering prayer）

神在我的氣息中

* 放鬆。
* 集中（重歸心靈）。

* 感受一下真實的自己坐著或站著。
* 留意身體的各部分：由頭至腳的感受，充分感受自己是實在的存有（presence）。
* 呼求神：「神啊，讓我在祢的面前感受到自己是實在的。」承認神是我們的主、我們的創造主。
* 留意自己的呼吸，感受一呼一吸的節奏，直至感受到安靜。

* 加入想像──想像一下你呼出心中的焦慮、恐懼、憤怒及不快的情緒，吸入平安、穩定，連續作幾次，想像一下你的憂愁隨著呼氣離開，平靜也隨著吸氣而至。
* 心中默念：「得力在乎平靜安穩。」

* 加入手勢──當你將手按在心房時，口中輕喚主並感受祂的臨在。或將手輕鬆的伸開，表示你歡迎主的臨在。當你的手心向下時，想像放下一切困擾。
* 心中默念：「得救在乎歸回安息。」

三、船的默想

* 安靜：輕輕的合上眼睛，放鬆身體，選擇一個舒服的坐姿，手自然的平放在膝上。
* 想像在你面前有一個熒幕。
* 現在請你在銀幕上看到一艘船，而你就置身其中。（那是艘怎樣的船啊？）
* 又請你看看周圍的環境及風景。（有山嗎？大浪嗎？……）
* 又請你看看當時的天氣是怎樣的。（是陰、晴、強風、微風……）
* 想像自己在船上，看著這些環境，有甚麼感受？

* 在這廣闊的海洋中，你的船究竟往何目的地呢？有甚麼感受？
* 當你的船向前航行時，主耶穌也在船上嗎，還有其他人嗎？
* 容許片刻安靜，讓自己完全進入船的旅程中。

▲ 這個習作需要較長的預備時間，團友可分享彼此經驗，但不必比較，例如船是大郵輪抑或小艇，主耶穌在與不在等。

▲ 這習作可以由引導默想的人以問題形式邀請觀看，或以故事形式進行，例如：將「有山嗎？大浪嗎？」改為「周圍很多漂亮的山峯，但浪很大。」

▲ 無論是引導默想（guided meditation）或個人操練，可隨意加入自己的想像。

▲ 這個習作是要測驗一下你投入及直覺的能力，也有人以此察看心境，但記著這是我們個別的旅程，假若你根本看不到甚麼船，或覺得對你沒有多大幫助，這也是不要緊的。只要你明白當下你的處境及感受，這便是一個生命的發現了。

四、雜念處理

a. 1.想像你身邊有一廢紙箱。
   2.將雜念放在其中。
   3.再專注於主，溫柔的回到寧靜的中心。

b. 1.撥開。
   2.撥開，那只是雲霧而不是真相。
   3.真相是主愛你——聽，集中，看，集中，主愛你，你應仰望祂。

雜念的意義

1.看見它 (seeing)

2.認出它 (recognizing)

3.交託它 (praying)

4.寫下它 (journaling；事件、事件背後的情緒〔正／負情緒〕、受傷、其他感受)

5.等候處理 (examinating)

* 留意：當你告訴自己正在思想，當你問為甚麼有雜念時，你已離開了安靜的狀態。

五、上帝的符號

靜

休息，聆聽。

上帝是造物主，上帝以各種不同意象、圖畫來表達自己，在大自然中，處處可見上主奇工。

離開這裏，帶著一個安靜的心情，去尋覓一個對你有特別意義的記號：石頭、花、草、樹榦、沙土。對你來說，這就像一個人進入曠野去體驗他與土地、大自然、泥土，是緊緊連接的。

當你找到這記號之後，用一點時間想一想它怎樣使你想起神，不要分析，只是默默的將這記號藏在心裏——反覆默想這記號對你的象徵意義；就像十四世紀的隱修士茱莉安，從榛子中看到神的創造、保守及慈愛，讓我們也靜靜細思：

放下的符號

在各種符號中，如樹，如山，如雲，連一片小葉子其實都是屬於神的，因此，你該明白生命中該有一放下的標記，這意思就是你不用執著任何事物。

現在就想想，有甚麼你可以放下來表示你對主的忠誠？

又有甚麼你放下了便使你更容易想起神？

六、將經驗化成禱告

1. 不止息的禱告 (unceasing prayer)
   a. 是心靈的禱告——內在意識愈來愈敏銳清晰。
   b. 是安息的禱告——將思想意念放下，專一等候。
   c. 是光照的禱告——被內住的神聖化的過程。
   步驟：朗讀——短誦——心讀——整個人被經文充滿——祈禱的拍子和應著心靈的跳躍，隨處隨時實習。

2. 由思想到心靈的禱告 (examen)
   a. 回想當日發生的事情 (recall and re-experience)
   b. 如在目前的感受 (How do I feel?)
   c. 反省 (What?)
   d. 禱告——問神 (invitation)
   e. 不要分析，不要沈思，只求真象。 (ask and listen)
   f. 知道自己的處境及神的心意 (know thyself and know God)
   步驟：同在——觀看——反省——祈求。

七、默想實踐

1.進入你的內室		
2.你們要休息 知道我是神	放鬆、深呼吸、伸開雙手，意識自己要靜、準備朝見神	若覺得分心、打擾，不要急躁，只要溫柔地回到中心仰望主
3.我的心仰望祢	安靜：將心思交給神、 注目基督 呼求主：「主啊，我願祢來」 「開恩俯聽我」 或唱詩：《讓我靈自由》	
4.默想	讀經：出十九 4 心誦 搭橋：進入現場，準備接受神藉這經文的處境給你的提示，讓這景象包圍你 意識到自己的感受 停在這處境中：看、感受、聽、告訴神 周而復始的默想、禱告	若覺得魂遊、意亂，回到聖經，再從頭開始
5.安靜	留心神對你的提示 繼續停在神的面前，等候祂，愛祂	
6.禱告	立志、祈求、感謝	

7.記錄心靈活動	——過程、體驗：神的安慰、鼓勵，自己內裏的情緒及渴望 ——提示及個人立志	

八、獨處（solitude）的了解

*獨處就是單獨與神一起，自由開放的與神相處。

*這是無所不談的時刻，也是聆聽的時刻。

*獨處也是我和自己單獨的相處，在獨處中，我看清生命的光景。

*獨處叫我們更認識神是怎樣的一位神，祂要怎樣款待我們。是的，獨處是神款待你的時刻。

*獨處不是暫停，而是使我們更投入生活的一個歷程。

*獨處不是結牢自守，而是使我們更有神的眼光，能視人羣如弟兄，能在無常的人生中有悲憫，並能超越此人生限制。

*獨處是欣賞創造、聆聽音樂、閱讀、靜候、散步、悠然自得的經歷。

九、內心的經驗

內在世界的真實

記憶——能記起創傷的往事，被挫折。

——能記起愉快的經歷，被鼓舞。

情緒——無論是正面或負面的記憶，都帶著人可觀察到的情緒。

——把受傷的經歷壓抑是對自己採取暴力。

雖然我不意識到創傷，但其實創傷已進入潛意識或下潛意識，刻意的遺忘或合理化（rationalization），並沒有真正解決到問題。

心——神靈的居所、最深的所在。

——學習默觀祈禱的人必須首先體會／經驗將神置於心內，這是 locating 或 descending。亦有人稱之為 centering。

——然後開始學習注目、觀看（attention）的功課，單純的注目內心，注目神。

——放下其他雜念（cutting off thoughts），記起及想起神。告訴神你渴慕及愛祂，告訴神你是如何期待祂。

——當這心中的意識愈來愈濃厚之際，你將發覺你不是下降（descend），而是上升（ascend），雖然思想、影象、情緒仍然存在。

——藉此經驗，你對自己的意識及潛意識愈來愈敏感，你更認識自己了。

——因此心靈的開放才是最重要的，在開放中：

1. 安靜（silent prayer）
2. 無言（wordless prayer）
3. 愛（affective prayer）

——選擇回到中心、仰望神。

——祈求、等候神的答覆，但不執著即時的解答。

記錄內心的活動，應學習選用更多形容「感受」（feeling）的詞彙，可以對自己的心境有更清楚的把握：

正面的詞彙[1]：

力爭上游	力挽狂瀾	大方	大方得體
中肯	不凡	不平常	不甘後人

不慌不忙	不遺餘力	心曠神怡	反抗
反守為攻	友善	友愛	友好
切實	平靜	平安	平易近人
出神入化	可愛	可喜	可賀
可欣慰的	充實	自然	自由
自豪	自在	自治	自制
自律	自得其樂	自由自在	如意
如虎添翼	如釋重負	如魚得水	如沐春風
仰慕	成功	成就	成竹在胸
成人之美	好奇	好心	同感
同情	充足	充實	充滿溫情
守正不阿	全力以赴	全神貫注	全心全意
光芒四射	安定	安穩	安然
安靜	安全	安全感	安然無恙
完全	完美	足夠	罕有
身心舒暢	辛勤	快樂	快慰
放心	怡人	怡然	卓越不凡
綽綽有餘	性感	肯定	欣賞
欣然	欣悦	欣慰	和善
和氣	和藹可親	哀怨	哀怨動人
哀怨纏綿	前進	美好	美善
美麗	神祕	神奇	神采飛揚
胸有成竹	迷人	容忍	容易
容光煥發	高興	高貴	原諒
原始	悠然	悠然自得	責無旁貸
得體	得意	得心應手	得意洋洋
情深款款	情意綿綿	情深似海	情投意合

陶醉	陶然自樂	莊重	莊嚴
爽快	乾淨	從容	從容不迫
從心所欲	愉快	愉悦	創新
創造力	創新性	強壯	強勁
強而有力	舒暢	舒服	舒適
善意	善良	朝氣勃勃	勝利
勝任	勝券在握	極好	極妙
尊重	尊敬	尊嚴	尊貴
渴望	超卓	超然	喜樂
喜悦	喜好	喜歡	喜形於色
喜氣洋洋	當機立斷	當仁不讓	愛顧
愛心	愛意	愛慕	愛戀
愛情	敬仰	敬慕	敬服
飽滿	飽足	準確	漂亮
榮幸	榮譽	榮美	精神
精神奕奕	精神十足	精神飽滿	輕鬆
輕快	寧靜	滿足	滿意
熱烈	熱心	熱中	適當
適中	適合	適切	適應
寬大	寬容	寬心	魅力
徹底	醉心	親密	親近
親切	親情	憐憫	憐愛
優越	優勝	優美	優良
優越感	優悠自在	興奮	融洽
簡單	簡潔	龍精虎猛	鎮靜
鬆弛	豐富	豐足	豐美
謹慎	穩定	穩重	穩妥
穩如泰山	穩操勝券	歡樂	歡喜

歡愉　歡欣　纖細　體恤
體諒

負面的詞彙：

力有不逮	力竭聲嘶	力不從心	七上八落
三心兩意	下流	不安	不適
不幸	不滿	不服氣	不道德
不舒服	不友善	不自然	不安全
不同意	不知所措	手足無措	六神無主
心死	心如止水	心有不甘	心灰意冷
心不在焉	心高氣傲	仇恨	仇視
反對	反感	反叛	悲哀
悲憤	悲從中來	虛假	虛偽
虛空	殘忍	殘暴	殘酷
渾渾噩噩	強逼	強制性	強加於人
筋疲力竭	棄絕	惶惑	惶亂
惶惶然	惶惑不安	猥褻	惶惶不可終日
痛苦	痛楚	傲慢	傲氣
啞口無言	啞子吃黃蓮	癡迷	癡情
癡戀	歇斯底里	徬徨	慌忙
慌亂	慌張	傷感	傷痛
愁雲密布	煩亂	煩惱	煩悶
愚昧	愚笨	愚蠢	鄙下
鄙俗不堪	慢條斯理	惡毒	惡意
疑懼	疑惑	疑團滿腹	疑信參半
厭惡	厭膩	緊張	緊張刺激
緩慢	暴躁	暴跳如雷	憎厭

憎惡	憎恨	憤恨	憤怨
憤憤不平	憤世嫉俗	憂傷	憂心
憂鬱	憂愁	憂懼	憂患重重
憂時傷國	懊悔	懊惱	駭人
遺憾	擔心	擔憂	噁心
壓力	壓迫感	醜惡	醜陋
艱困	艱難	艱苦	艱巨
尷尬	嚴厲	騷亂	騷動
囂張	飄蕩	飄零	飄泊
飄忽不定	躊躇不前	驕傲	驕橫
驚駭	驚惶	驚惶失措	蠻橫
鬱悶	鬱鬱寡歡	鬱鬱不樂	

十、靈程學 (Spirituality) 的十二個 S

1. 靈程知識 (Spiritual Knowledge) ——對神、對己、對世界有屬靈的認知及了解。
2. 靈程修養 (Spiritual Formation) ——生命的塑造、更新、成長。
3. 安靜 (Silence) ——開放、等候、愛慕及專注仰望的時刻，得安息的必經之路。
4. 空間 (Space) ——自由、釋放，為神、為己、為人，願意敞開、願意尋求的態度。
5. 慢下來 (Slow Down) ——放鬆、放手，但集中注意神的態度與經驗。
6. 朝聖 (Sojourning) ——踏實的生活，忠心的轉向神，將靈程、旅程及心程結合的過程。
7. 簡樸 (Simplicity) ——單純、甘心，不為名利束縛；奮鬥、自植、勇於承擔。

8. 感同身受 (Solidarity) ——憐憫、共感、與哀哭的人同哭，伸出同情的手。

9. 敏銳 (Sensitivity) ——不可或缺的意識，時常察覺到神、人及自己的提示和需要。

10. 聖禮 (Sacrament) ——羣體的崇敬禮讚，生命的分享與承擔，團契與禱告。

11. 聖經 (Scripture) ——靈根自植的基礎，生命的泉源及糧食。

12. 成聖 (Sanctification) ——三位一體的神，聖父、聖子、聖靈在我們生命中的作為。

註

1. 林孟平《輔導與心理治療》，商務，1986。

小組指引

一、目標

1. 個人藉深入的禱告生活（默想、默觀）正視生命的成長，並透過分享，共同追求基督裏的豐盛團契。
2. 在敬拜、讚美、感恩、代求、分擔中，一起經歷神。
3. 透過資深禱告伴侶（靈友；soul friendship），分辨神的靈在團契、小組及個人生命中的工作——醫治、復興、更新。
4. 培養自己成熟並成為一個幫助別人的人。

二、小組指標

1. 個人禱告生活的成長：個人經驗與信仰的結合（神說甚麼？你說甚麼？）。
2. 默想祈禱的學習：聆聽、安靜、獨處、退修。
3. 彼此指引——著重默想/默觀式的彼此分享及引導。
4. 個人性格成熟及伸展——正確的愛神、愛己、愛人。

三、小組內容

1. 安靜。
2. 默想。
3. 禱告。
4. 分享。

注意

· 必須操練：小組分享前最好先有操練。

· 必須維繫核心的分享及討論，不要分散注意力。

· 必須記錄：鼓勵組員多描述感受、心情。

· 組長／Coordinator：多聆聽，多澄清，多綜合回應重點，請組員從心中作忠實及積極的回應。

· 鼓勵組員分享感受，甚麼導致那種感受，神怎樣看這感受，組員可怎樣面對？（神說甚麼？你說甚麼？）

· 必須守祕密。

建議書目

書名	作者	出版社
1. *The Practice of Biblical Meditation*	Campbell McAlpine	Marshells
2. 心意更新	麥哥登	福音證主協會
3. 屬靈操練禮讚	傅士德	香港基督徒學生福音團契
4. 從幻想到祈禱	盧雲	香港公教真理學會
5. 在寶座前	巴克萊	橄欖出版社
6. 星語——沙漠的來信 (*Letters from the Desert*)	Carlo Carretto	香港公教真理學會
7. 沈思 (*Thoughts in Solitude*)	Thomas Merton	香港公教真理學會
8. 對心説話	曾霖芳	嘉種出版社
9. 始於寧謐處	盧雲	基道出版社
10. 簡易祈禱法	蓋恩夫人	台灣福音書房
11. *Freedom of Simplicity*	Richard Foster	Triangle
12. 基督徒的默想 (*Christian Meditation*)	Edmund P. Clowney	天道書樓
13. *The Practice of Presence of God*	Brother Lawrence	Whitaker House
14. *Called to Intimacy*	George A. Maloney	Alba House
15. *The Journey to Inner Peace*	Rev. Paul A. Feider	Ave Maria Press
16. 相逢寧靜中 (*Sadhana, A Way to God*)	Anthony de Mello, S.J.	光啟出版社
17. 敬拜的禮讚 (*Worship and Praise*)	Dr. John MacArthur, Jr.	Worship Seminar International, U.S.A.
18. 建立生命的職事	盧雲	基道出版社
19. 等候神 (*Waiting of God*)	Andrew Murray	晨星書屋
20. 享受禱告生活 (*Praying : How to Start and Keep Going*)	Bobb Hiehl & James W. Hagelganz	證道出版社
21. 悲苦與光榮之歌 (*Prayers of Grief and Glory*)	Richard Harries	基督教文藝出版社
22. 你也可以計劃人生	蔡元雲	突破出版社

23. 代禱的祕訣 (*The Secret of Intercession*)	Andrew Murray	美國見證出版社
24. 由死亡得生命 (*The Gain Life from Death*)	蓋恩夫人	以琳出版社
25. 慕安德烈靈訓	慕安德烈	證道出版社
26. 純愛的凱歌	蓋恩夫人	以琳出版社
27. 內心世界的探索	瑪麗安・安德森，路易斯・薩伐里	山邊社
28. 釋放者 (*Jesus the Liberator*)	華爾加	基督教文藝出版社
29. 敬拜的祕訣	慕安德烈	台灣福音書房
30. *Growing Strong in the Seasons of Life*	Charles R. Swindoll	S & U Publishers
31. 躍入汪洋大海中	喬絲・荷桂特	校園書房出版社
32. 主啊，請說	荷桂特	基道出版社
33.「禱告良朋」系列		基道出版社
34. 禱告真諦	傅士德	基道出版社
35. 經歷神	王志學	基道出版社
36. 奇異恩典在中年	王志學	基道出版社
37. 轉化生命的友誼	侯士庭	中福出版社

緊扣時代　服事教會

以文字傳揚基督真道

讀者意見表

衷心多謝你購買本社書籍。本社一直致力以出版事工服事教會，幫助信徒扎根於神的話語，促進靈命增長。為使我們的出版更能滿足你的需要，請填寫下列各項資料，並寄回或傳真予本社。

所購書籍：＿＿＿＿＿＿＿＿

本書最吸引你的地方：

☐作者　☐適切性　☐文筆　☐設計　☐實用性

☐其他：＿＿＿＿＿＿＿＿

購買本書地點：

☐基道書樓　☐基督教書店　☐非基督教書店

性別：☐男　☐女　職業：＿＿＿＿＿＿

信仰：☐基督徒　☐非基督徒

年齡：☐ 16 歲或以下　☐ 17～25 歲　☐ 26～35 歲

☐ 36～55 歲　☐ 56 歲或以上

學歷：☐中三或以下　☐中五　☐預科

☐大學　☐研究院

☐我欲更多了解基道出版社的事工及考慮支持，請寄給我下列資料：

☐機構簡介　☐新書資料　☐「書中行」書會資料

☐《基道文字事工通訊》

姓名：＿＿＿＿＿＿＿＿電話：＿＿＿＿＿＿

地址：＿＿＿＿＿＿＿＿

傳真：＿＿＿＿＿＿　電子郵件：＿＿＿＿＿＿

其他意見：＿＿＿＿＿＿＿＿

多謝賜教！

意見表可以傳真（2687-0281）或直接郵寄以下地址：

香港沙田火炭坳背灣街26號富騰工業中心1011室

基道出版社編輯部收